Ausente

Murielle TAISNE

AUSENTE

"20 años en búsqueda de una
historia paternal"

"20 años en búsqueda de una historia paternal"

Ausente

Murielle TAISNE

AUSENTE

"20 años en búsqueda de una historia paternal"

"20 años en búsqueda de una historia paternal"

Edition : BoD - Books on Demand
12/14 rond-point des Champs Elysées
75008 Paris
Imprimido por BoD – Books on Demand, Norderstedt
Traducido del francés: Taisne
ISBN : 978-2322192045
Año : janvier 2020

Ausente

AGRADECIMIENTOS

A mi maravilloso marido Holger, mi pilar y mi fuerza y a mis dos maravillosos hijos Cédric y Mathis que crecen en el seno de una familia unida.

A mi hermana y a mis hermanos, a mis padres.

A mis amigos lejanos o cercanos y aquellos que siempre me han ayudado para avanzar... y a Catherine.

A mis compañeros de trabajo a quienes he confiado mi proyecto y que han creído en mí.

A aquellos de ellos que leerán y conocerán mi historia.

A todos aquellos con quienes me he cruzado en la vida.

Y gracias a Dani que me ha ayudado mucho en reconstruir mi historia.

UNAS PALABRAS ACERCA DEL AUTOR

Murielle, procedente de Valenciennes, vive en el barrio residencial de Frankfurt desde hace más de 20 años. A los 48 años de edad, casada y madre de dos hijos, es responsable marketing en un grupo importante en Frankfurt (Alemania).

Esa poliglota habla 8 idiomas cuyos 5 con fluidez. Es una apasionada por los estudios, la informática y se define como una verdadera "esponja de cultura" siempre dispuesta en aprender, descubrir una y otra vez.

Aunque se trate de su primer ensayo bibliográfico, Murielle ya escribe desde sus 15 años de edad, poemas, novelas que quisiera también publicar en un futuro. Su libro ha sido traducido del francés al alemán "Verlassen" y una versión en inglés está en preparación.

Ausente

RESUMEN

El día 08 de mayo del 1977, día de su comunión, Murielle tiene 11 años de edad. Unos días más tarde, su padre les dejaba a todos, a su madre y a sus tres hermanos y hermanas. Sin embargo, es desde la edad de 6 años que es testigo involuntaria de las infidelidades y de los engaños de su padre. Ese padre, alternativamente, lo va a odiar, querer, ignorar durante más de 20 años para finalmente buscarlo.

En la escuela, era rechazada por aquellos profes que no creían en esa niña de "padres divorciados" y en la vida a pesar de dolorosas experiencias sentimentales, no se va a desviar de su objetivo; tener éxito.

Gracias a sus amigos, a sus encuentros con gente nueva, sus estancias en el extranjero, se va a construir una vida diferente a la de sus padres, hacer las paces con su pasado y partir en búsqueda de una historia paternal.

Más que un libro autobiográfico, este libro que trata de temas tales como la resiliencia, el abandono, la ausencia de relación padre/hija, madre/hija o divorcio. Es un excelente ejemplo de coraje, de rechazo de la fatalidad y un himno a la vida, SU vida.

"20 años en búsqueda de una historia paternal"

Como lo repite ella a lo largo de su autobiografía, "Soy como el junco, me doblo pero no me rompo".

CARTA ABIERTA

"20 años en búsqueda de una historia paternal"

CARTA ABIERTA

¿Por qué?

Esa palabra mágica rica de consecuencias, de preguntas, de enigmas, de sabidurías y de comprensión no da por desgracia todas las respuestas.

Y yo, respuestas, no tengo, por lo menos, de momento.

Entonces por qué haber actuado de tal manera? No lo sé.

¿Error de juventud? Seguramente. ¿Incapacidad para asumir mis responsabilidades? A lo mejor quizás. Sea lo que sea, no estoy muy orgulloso de lo que hice hace 30 años y lo pago ahora. He tenido más amor y comprensión de parte de aquellos que he traicionado que he encontrado para mí mismo.

Eso me hizo crecer un poco con respeto a mi edad.

Ahora sé lo que es decir "querer a su prójimo".
También como lo hice con tu madre, tu hermana y tu hermano mayor, el menor quizás vendrá más tarde. Te pido perdón de

corazón deseando merecerlo todavía. En el crepúsculo de mi vida o en la víspera de mi viaje, tengo a pecho de decirte cuánto me arrepiento. Quisiera tanto estar en paz con mi consciencia. Con el tiempo todavía, quizás lo consiga y pueda por fin mirarme al espejo.

Basta de filosofar. Que sepas que estoy muy orgulloso de mis hijos, de sus logros pasados y por venir, particularmente de ti Murielle, la mayor.

Nunca dudé de que fueras una luchadora y que tuvieras éxito en la vida laboral y sentimental y te agradezco por el alivio en el corazón que me da y además, unos nietos maravillosos y seguramente inteligentes "de tal palo, tal astilla".

Estoy contento porque tienes a un marido amable y amoroso. Esa felicidad, te la mereces tanto.

Sé siempre tranquila y feliz. No me sigas nunca como ejemplo, duele demasiado después.

Te quiero, hija mía, nuevamente, te pido perdón.

Tu padre. 15/09/2008

Prefacio

Prefacio

¿A quién explicarle mi vida a los 48 años?

¿A mi marido que quiero? No. Justamente porque lo quiero y que ha soportado mi "spleen" durante más de veinte años.

¿A mis hijos? ¡Jamás! Los quiero demasiado y no tienen por qué estar involucrado.

¿A mi madre? No. Ella nunca ha sido muy psicóloga, al contrario, ha estado ausente en todas las etapas de mi vida.

¿A mi padre? Casi no lo he conocido a fin de cuenta y ha fallecido el día 03 de enero del 2009. Me he esforzado un poco para volver a verle y fue sobretodo a causa de su enfermedad que tomé la iniciativa de volver a verle unos días antes de su fallecimiento después de haber cortado lazos con él hace más de 20 años.

¿Cortar lazos? De hecho, fue él quien nos abandonó a nosotros, sus cuatro hijos y a su mujer, mi madre. ¿Cómo siendo padre, se puede afligir tal sufrimiento a cuatro pequeños seres inocentes en pleno crecimiento que no habían deseado esa vida? Cuatro hijos marcados para siempre, cuatro hijos que han sufrido. Mi padre. ¡Esa herida de por vida!

Esa herida que hizo de mí lo que soy, con mis penas pero también con mi fuerza.

¿A quién confiar mi experiencia y mis heridas a los 48 años?

¿A mi hermana? Sí, es mi confidente, es mi amiga y la quiero. No nos lo decimos a menudo pero lo sabemos las dos. De mi hermana estoy orgullosa. ¡También es una luchadora! Ella ha totalmente vivido sin padre porque tenía 2 años cuando nos dejó. ¡Tan sólo 2 años!

¿A mi hermano mayor? No. Vive lejos y está muy centrado en su vida y en sí mismo. Vive en su mundo e hizo su vida en otro lugar pero sigue siendo mi hermano.

¿A mi hermano menor? Él, es el menos psicólogo de los cuatro. Por supuesto, también ha sufrido de su ausencia y es por esa razón que se hace el duro revistiéndose una cascara de duro con corazón tierno. En el fondo está muy pegado a los valores y a las tradiciones. ¿A gente ajena a la familia? Sí, tengo amigas y amigos, conocidos, compañeros de trabajo y antiguos de esos últimos. ¿Pero se puede meter en la piel de alguien cuando uno no ha vivido esa situación? ¿Se puede comprender las dificultades de un amputado de las dos piernas cuando uno tiene las dos piernas? Por supuesto que podrá correr ese amputado pero las posibilidades no son las mismas al comienzo.

¿A amigos? Sí, tengo numerosos amigos pero ¿cuántos de ellos comprenderán mi historia?

¿Mi amiga Petra, aquí en Frankfurt? Sin duda, conoce mi historia y me conoce a mí como una persona fuerte.

¿Mi amiga francesa Barbara de Frankfurt? Es mi amiga muy comprensiva ciertamente pero no la quiero agobiar con mi largo pasado. Le tengo demasiado aprecio.

¿Mi amiga Sophie de Italia? Ha tenido una vida muy parecida a la mía.

¿Dani, la mamá del amigo de mi hijo? Sí, sin ninguna duda porque también ha tenido una vida similar a la mía y ha decidido dedicarse a nivel profesional en ayudar a la gente a reconstruirse y sabe desde hace mucho tiempo que trabajaba en la redacción de un libro y mi sueño se cumple por fin. Me ayuda mucho en la reconstrucción de mí misma.

¿Mi amiga Estelle en Francia? Sí, podría hablarle del tema, conoce mi vida pero ha tenido una vida muy protegida por una familia muy unida, así que no quiero confiarme con ella.

¿Mi amiga por correspondencia Montse en España? Conoce un poco mi recorrido pero no con detalles y bueno, debido al malabarismo lingüístico con el castellano y el francés, las emociones están mucho menos presentes. Además, ha tenido una vida muy protegida, una familia muy unida. Nunca se ha casado, ni ha tenido hijos y sigue viviendo en el pueblo que la vio crecer. Es muy egocéntrica, unida a su familia y pegada a los valores que son suyos.

¿Mi amigo Pere en España que había perdido de vista durante más de 20 años y que acabé de encontrar por fin? ¡Mi amigo español es tan particular para mí! Ha sido antes que todo mi amigo por

correspondencia español durante mis años

en el instituto y mis mejores recuerdos. Ha sido el punto de partida de mi primer viaje a España, de mi primer encuentro con ese país del que me enamoré y ha sido el primer chico por el que tuve sentimientos amorosos.

Ahora tenemos 30 años más y ha vivido un largo y dolorosos divorcio. A él, que hijo único, procedía de una familia muy unida, la vida no le ha sonreído tampoco; una ruptura, a pesar del nacimiento de su hija única, un divorcio muy largo y un hundimiento en toda regla.

Pero ya volveré a tratar de él luego porque ha sido un factor determinante en mi vida y mi construcción amorosa.

¿Mis compañeros de trabajo? Sí. Por supuesto tengo unos muy bueno, me he confiado a veces y sobretodo a unas muy buenas compañeras pero no quiero exponer mi vida. Pero saben que estoy escribiendo.

¿Una terapia? Debería haber hecho una. Tan sólo he visto 3 veces a una psicóloga en toda mi vida. Esa misma psicóloga me hizo realizar unos exámenes de QI informándome de que era muy inteligente y llena de potencial. ¿Qué quiere decir "potencial" cuando uno no tiene mentor, cuando uno no tiene tutor para orientarle por en el buen camino y hacernos tomar las buenas decisiones?

¿Pero cómo uno ve su vida a los 11 años cuando vuestro padre acaba de abandonar a vuestra madre y que esa llora por la noche y está deprimida? ¿Cómo ve uno su vida cuando su infancia está marcada por la violencia psicológica de los problemas? ¿Cómo considera uno su futuro con serenidad si el pasado está lleno de obstáculos?

He sido atendida en aquel entonces por una psicóloga porque se me temblaban las manos en clase de manualidades. Mi profe se había quejado a mi madre diciéndole que era yo, una chica muy agitada e insoportable sin saber que de verdad, yo sufría. Pero al final de los 70 no se hablaba de divorcio y aún menos de divorcio de acuerdo mutual. Todavía se hablaba de divorcio por falta.

En primaria y sobretodo en el cole, me sentía mal y era rechazada por la mayoría de las chicas de mi clase y aún peor por unos professores.

Aquí está mi historia, es dolorosa, muy

dolorosa pero es formadora de la vida y tan enriquecedora.

Con la perspectiva, esa vida me hizo llorar a menudo, me hizo perder la confianza en mí, buscar una historia, MI historia.

Yo me defino como el junco "me doblo pero no me rompo" y soy fuerte. No he dado casi ningún nombre a todos esas personas que han atravesado mi vida, todas esas personas que me han rodeado. Sólo mis amigos han sido nombrados porque son muy queridos y porque han sido mi fuerza para luchar. Por lo tanto, a todos esos personajes, les doy vida a partir de mi libro y no tengo la necesidad de evocarlas a menudo porque esas personas forman parte de mi historia y se lo agradezco por haberlas conocido.

A mi familia no la nombro por respeto y las que estaban en medio de esa psico tragedia se llaman "Ella" y "Él".

"Él" es tanto mi padre, papá o mi genitor. Estoy contenta por haber tenido la vida que he tenido porque es ella que ha hecho de mí esa persona fuerte que soy. Es esa misma vida que me ha formado y enseñado a luchar. Finalmente, estoy satisfecha de mi pasado sobretodo porque el aprendizaje de la vida pasa por la infancia y como esa infancia ha sido muy violenta, tengo aprecio a todos los instantes de mi vida presente.

Gracias por haberme dado ese pasado con sus riquezas, gracias a Dani por ayudarme a reconciliarme con el.

Ausente

1965

"20 años en búsqueda de una historia paternal"

El año de mi nacimiento.

Nací el 18 de septiembre del 1965 en el norte de Francia (Norte). Soy la cadete de una hermandad de cuatro hijos. Mi hermano mayor nació en 1963, mi hermanito en 1968 y mi hermanita en 1974.

Mamá proviene de un entorno polaco y papá de un entorno en el cual el padre decía de sí mismo que era un "obrero burgués fracasado". "Obrero" porque creció en una familia obrera y "fracasado" porque había trabajado como soldador siendo arquitecto de formación, lo que en la época era muy excepcional.

Mi abuelo de parte de padre, "Pépé" no había conocido a su padre entonces soldado, caído durante la primera guerra mundial en 1914.

Mi abuela por parte de padre, "Mamie" provenía de un entorno de divorciados, lo que, en aquella época era algo muy excepcional, no había conocido a su padre. Mamie había sido cocinera y había trabajado, como lo decía, en "buenas casas". Mi abuela por parte de madre, polaca, "Mémé", no había conocido a su padre tampoco, fallecido cuando tan sólo tenía 2 años. Esa diferencia cultural es muy importante porque es precisamente esa "diferencia" que condicionó nuestra forma de ser. Mis abuelos polacos por parte de madre habían trabajado en la mina y deseado para sus hijos que se quedasen en el entorno obrero en el cual habían crecido.

No tengo realmente uno recuerdos muy positivos de mis abuelos por parte de padre porque estaban perpetuamente en conflicto con mi abuela de parte de madre, Mémé, que vivía a unas calles más lejos. Pues, para ellos, teníamos sangre polaca en las venas, como decían. Esos abuelos paternos nunca habían querido a mi madre, es más, se habían opuesto al enlace de mis padres.

Así que cuando nos íbamos a casa de los abuelos, siempre teníamos que procurar ir a casa de los otros abuelos para no herir las sensibilidades respectivas.

Mi abuela materna era viuda desde el año 1966, año del fallecimiento de mi abuelo, muerto por culpa de una icteria, comúnmente llamada hepatitis viral. Mi abuelo maternal, tanto como mi abuela Mémé, había llegado a Francia muy joven.

Había encontrado a mi abuela y se había casado en 1923. Mi abuela tenía 19 años.

No tengo recuerdos de mi abuelo polaco, sino que era al parecer muy autoritario y frio: tengo sin embargo, numerosos recuerdos de mi abuela fallecida en 2005, simplemente porque la he conocido y que hemos compartido gran parte de nuestros recuerdos, y no siempre de los mejores pero ya volveré con este tema más tarde.

La herencia parental es a este nivel, muy importante, sobretodo con respecto a mi abuela. Ella podía ser muy cariñosa pero también muy autoritaria. Huérfana, había sufrido mucho de esa falta parental. Su padre falleció cuando sólo tenía 2 años y 9 cuando falleció su madre. Fue entonces con su hermana mayor quien la había acogido, que había venido a Francia y vivido en casa de ella hasta su boda con mi abuelo materno en 1923.

Ella y mi abuelo habían tenido tres hijos, dos varones y a mi madre. Mi abuela siempre había tenido una obvia preferencia para los nietos de parte de sus dos hijos. Primero porque le encantaban sus nueras y de hecho los nietos. Mi madre se había casado con un "verdadero" francés, mi padre, procedente de un entorno socio cultural distinto, y sobretodo de un entorno francés.

Ella no ha de hecho validado ese matrimonio y ha odiado a mi padre.

Cuando mis primos y mis primas iban a visitar a Mémé, por poco se les desplegaba la alfombra roja, recuerdo que cuando pasaban por la puerta, mi abuela se echaba encima de ellos y les daba mimos y abrazos. Eran los hijos de sus dos hijos, los ha adorado.

Era sin embargo muy dura con mamá y no demostraba nunca el mismo ardor cuando íbamos.

Era exactamente la misma situación en casa de mis otros abuelos con respecto a mis primos. Recuerdo de la época navideña cuando fuimos a desearles el feliz año nuevo a nuestros abuelos paternos, Pépé y Mamie. Mis primos habían recibido su regalo. ¡Un equipo Hi Fi en esa época! En los 70, era un verdadero lujo.

Ausente

Y me acuerdo de nuestros regalos: mi hermano mayor había recibido un jersey marrón claro con líneas rojas y para mi hermano más joven el mismo jersey de color marrón oscuro. Yo, recibí un par de calcetines de color verde. Recuerdo que esos calcetines rugosos picaban.

No obstante y antes de 1972, tengo presente de mi vida, esos momentos privilegiados con mis hermanos, de la llegada de mi hermano menor a casa de la primera bajada en bici de mi hermano mayor que acabó en una acera y en el hospital con puntos en la ceja. Recuerdo de los ratones que teníamos en el piso y que matábamos con libros de "Tintín", porque la cubierta era suficientemente gruesa.

También de nuestras carreteras en los supermercados y de las primeras gruesas placas de chocolates con avellanas que comprábamos los sábados por las noches.

Y hay esos súper momentos en la guardería y primaria de la esquina donde tenía camaradas simpáticos.

Tengo muchos recuerdos muy felices de mi escolaridad, de haber sido una alumna muy brillante que coleccionaba numerosos "buenos puntos" atestando de mi carácter aplicado y tranquilo. Los "buenos puntos" eran papeletas del tamaño de un sello, una recompensa por el buen trabajo realizado en clase y la buena actitud de un alumno. A los 10 acumulados, recibíamos una imagen. Era todo un orgullo tener una imagen. En aquella época, era, al parecer muy habladora.

Me acuerdo de una tarde cuando mi madre me estaba peinando en el cuarto de baño y de pronto bajo el efecto de la presión, me había dicho que me iba a comprar un "petate" y que iba a irme de casa. Había preparado la sabana, el palo de una escoba y puesto ropa en el interior.

Mamá estaba sin duda cansada aquel día y aunque no lo pensase ella, en aquella época, me había chocado mucho por lo que me había dicho en su arrebato. ¿Adónde iba a ir? ¿Dónde iba a dormir?

Me acuerdo del accidente de mi hermano menor que se había herido seriamente en la mano y de mamá que nos había llevado los tres una tarde en búsqueda de un médico que cosiese la herida de mi hermano. Pero recuerdo sobretodo ese vacío y esa ausencia de padre, esas largas noches asomadas por la ventana, estaba esperando con mamá que mi padre volviese del trabajo.

Y volvía tarde. Muchas veces pretextaba una avería del motor o una falta de gasolina. Hasta llegó a pretender haberse quedado sin gasolina y haber tenido que empujar el coche con el hombro para volver a casa. Y mamá lo creía...

Me acuerdo vagamente de nuestras vacaciones en familia en Normandía. ¿Mi padre estaba presente en aquella época? ¿No lo sé, ya no lo recuerdo? Según las afirmaciones de mi madre, él pasaba los días de vacaciones jugando a la petanca con los demás turistas mamá pasaba sus días con nosotros en la playa. También tengo el recuerdo de un padre que ponía a mi hermano mayor delante del televisor diciéndole "¡Venga! ¡Instrúyete y aprende! Para ti Murielle, no es algo importante, sólo eres una chica, no hace falta que aprendas, te casaras con un hombre rico". Y también había ese joven vecino que me transmitió la fobia a las arañas pisándolas con las ruedas de su bici.

El único recuerdo que me queda es el de un paternal gran aficionado de música clásica, escuchando Beethoven el domingo por la mañana y un picnic en familia en el bosque, en compañía de nuestro vecino y de nuestro perro, un dálmata llamado Júpiter. ¿

Será que me he olvidado de manera voluntaria los buenos recuerdos de mi joven infancia con mi padre?

Según lo que decía mi madre, no puede haber porque mi paternal estaba, a partir del principio de mi vida, completamente ausente. Sin embargo, es precisamente, la llegada de esa chica joven que va a cambiar nuestra vida y alterar nuestro destino.

Ausente

1972

"20 años en búsqueda de una historia paternal"

"Ella" llega

Era una tarde después del cole. Era la primavera. "Ella" tenía 17 años en aquella época y mi padre la había llevado a casa para que "Ella" pudiese descargar a mamá de muchas tareas pero sobretodo que "Ella" era, al parecer, muy infeliz en su casa, "Ella" había sido maltratada mucho tiempo por su madre. Mi padre trabajaba en aquel entonces, para un grupo de seguros. Había entrado a trabajar allí gracias a su hermano quien le había dicho que se podía "ganar mucho dinero y que también seria pronto suficientemente rico". Mamá acababa de volver al trabajo, después de haber sido obligada a dejar su actividad profesional varios años porque en aquella época, todavía se tenía pedir la autorización al marido para dejar a la esposa volver a trabajo y con tres hijos en casa, no podía trabajar en el sector hospitalario siendo mujer casada y madre de familia.

Me acuerdo del día cuando "Ella" llegó a casa, tenía un suéter de color rojo terracota, un largo jersey verdoso y una minifalda, extra corta y parecía a primera vista muy tímida.

Con su cabello moreno y sus ojos verdes, "Ella", era muy impresionante. No he visto en ella a una niñera sino más bien a la hermana mayor que no tenía. Aunque "Ella" tenía que cuidar de nosotros tres en aquella época (mi hermano mayor de 9 años de edad, yo de 7 años y de mi hermano pequeño de 4), nos hemos encariñado a esa chica que se reveló ser de carácter muy fuerte y dominante.

Mamá parecía de primeras, estar contenta por tenerla en casa, por lo menos de tener a una interina pero rápidamente empezó a temerla. "Ella" podía estallar en unos minutos en gritos y rizas, de la gentileza a la maldad y no dudaba en pegar o montar escándalos. "Ella" se reveló rápidamente posesiva y celosa, hasta el punto de intentar destruir a mamá y a la pareja que formaba en apariencias con Papá.

Papá y Mamá tenían en aquella época los dos 32 años de edad. Lo que Mamá estaba lejos de imaginarse era que "Ella" era la amante desde hacía más de un año y él que la había llevado a casa para tenerla a su disposición. Así, mientras mamá se iba a trabajar y que estábamos en la escuela, mi padre y "Ella" seguían manteniendo sin vergüenza su relación. Pero "Ella" no era la única amante de mi paternal, y debido al hecho de que trabajaba justamente en los seguros, se había convertido en un verdadero depredador en búsqueda de nuevas conquistas. Y tenía numerosas. Presumió mucho de eso, tanto como hizo sufrir a su alrededor.

Frecuentaba también colegas muy pocos serios que lo llevaron por mal camino y tomó malos hábitos como el de emborracharse con regularidad.

Como él trabajaba en el sector de los seguros, tenía horarios muy flexibles, podía irse de casa tarde para captar clientes. Muchas veces, llegaba muy tarde por la noche y era una vez más porque celebraba los contratos que volvía a casa a veces ebrio. Pero era sobretodo porque mantenía relaciones extraconyugales, aparte de la que ya tenía con "Ella".

Sin embargo, poco a poco mamá estaba cansada después de unas largas jornadas de trabajo y como nuestro padre nunca estaba presente, nos apegábamos mucho a esa mujer, que considerábamos como una hermana mayor. "Ella" nos leía historias o nos contaba otras cuando "Ella" nos acostaba. Yo, que estaba en medio de un hermano mayor y otro más joven, era estaba contenta por tener una hermana mayor, que sólo tenía 11 años más que yo y me parecía como una gran amiga. Así, que estaba muy orgullosa de hablar de "Ella" en la primaria y estaba contenta que "Ella" fuese a acompañarme a la escuela. Poco a poco, ella tomaba más importancia en la pareja que formaban mis padres. "Ella" se probaba hasta la ropa de mi madre. Años más tarde, me enteré de que por puros celos, "Ella" había tirado el anillo de compromiso de mamá en el tobogán de basura. .

Fue también mucho tiempo después, que mamá me dijo que siempre había tenido miedo de "Ella" sobretodo a causa de sus crisis de celos y sus numerosas crisis de violencias imprevisibles.

De niña, asistí a menudo entre ellos tres a unas de esas, cuya una memorable que me marcó hasta ahora.

Una de las escenas más dramáticas de las que me acuerdo fue la de la pelea entre mi padre, mi madre y "Ella" en el coche. Estábamos, los tres niños en el asiento trasero sin estar atados, lo que en 1972 era algo normal. Acabamos de irnos de una cena en casa de los abuelos paternos.

¿Qué motivos habían desencadenado esa disputa? Ya no lo recuerdo pero todavía la veo echarse alegremente encima de mi padre para arañarle en la nariz y arañarle a mi madre en el cuello. Mi padre había parado el coche para protegerse de sus ataques. Me acuerdo de mi padre que sufría de las garras de esa tigresa y que gemía en el coche, de su nariz ensangrentada y del cuello de mamá cubierto de sangre. A partir de aquel día, nada fue igual para todo el mundo, sobretodo para mi hermano mayor quien, en aquel entonces puso mucha distancia con "Ella".

Sin embargo, los meses pasando, "Ella" había encontrado la manera de ganarse de nuevo mi confianza y la de mi hermano menor.

Como mamá estaba ausente tanto físicamente con un trabajo que le absortaba, que moralmente porque ponía mucha distancia entre ella misma y "Ella", yo, al contrario, me acercaba a esa mujer, porque cuando me confiaba a ella, me escuchaba. Era "Ella" la que me vestía, me peinaba, y me dañaba los dedos quitándome la piel de las uñas para que no me las comiera.

También fue « Ella » quien desarrolló en mí, ese miedo pánico a las arañas porque ella misma les tenía miedo. Sin embargo, es con "Ella" que encontraba a la persona que me escuchaba cuando estaba de vuelta de la escuela.

Mamá estaba completamente ausente por no decir desaparecida del todo.

Mamá trabajaba en el hospital y volvía también tarde. Como mi padre trabajaba para un gran grupo como autónomo, se sentía en este oficio muy a gusto porque hacia numerosos encuentros femeninos y como era un ligón, como le gustaba decirlo, estaba en su elemento.

Desde una edad temprana, le gustaban las mujeres. Sin duda se había casado con mi madre por amor, pero sobretodo para escapar de la presión familiar.

Me ha contado a menudo que pronto había empezado a serle infiel a mi madre. Muchas veces, mi padre me había confiado no

haber sido el preferido de mis abuelos.
Había sufrido mucho él mismo de la
preferencia de su madre por su hermano
menor.

Mi padre había además participado en la
guerra de Algeria del 1958 al 1962 y el
trauma de la guerra se le había quedado.

Pasó más de dos años en Algeria y asistió a
masacres, violaciones y todo otro tipo de
atrocidades de la guerra.

Es sin duda ese trauma de un conflicto
sangriento que le había marcado. Sin duda,
hubiese debido seguir una terapia. La guerra
provoca tantos daños y mi madre no era
alguien muy fuerte. Podría haberse impuesto
más con respecto a mi padre e intentado
ayudarle, ¿pero quién le puede tener rencor?
Ella lo amaba, sencillamente. Había sido su
primer novio y el amor de su vida.

"20 años en búsqueda de una historia paternal"

Ausente

1973

"20 años en búsqueda de una historia paternal"

Ausente

La mudanza

Después de haber vivido con nosotros durante un año, papá y mamá decidieron mudarse de casa a una ciudad cercana sin "Ella". Habíamos dejado el piso para ir a vivir en una casa.

Era una casa muy linda, una casa de los treinta como hay en el norte de Francia.

Había dos habitaciones grandes en la planta de arriba, una sala de estar, un comedor, una cocina muy grande, un porche y un jardín enorme.

Era en ese jardín que pasábamos todo nuestro tiempo libre en verano. Era muy agradable ir allí, sobretodo que nuestro padre había plantado numerosas plantas y flores. Tenía mi pequeño terreno en el cual cultivaba pensées y judías verde.

En frente de casa, había un parque grande, en el cual íbamos mis hermanos y yo , a jugar imitando a los personajes de series de televisión de aquella época como "Les champions", era yo la actriz con el papel principal de la serie de aquella época "Sharon" o una de los héroes de "Au coeur du temps" transportados en el "Chronogyre", una especie de túnel del tiempo que nos llevaba a épocas siempre muy diferentes. Me encontraba en la época de los jinetes y era "Sally" de la que "Toni Newman" se había enamorado.

Mama trabajaba cada vez más por la noche y nunca estaba presente y me pasaba la mayoría de mi tiempo libre (A menudo los miércoles por la tarde)con compañeras de clase que vivían en las afueras de mi ciudad.

"Ella" no nos había acompañado a la nueva casa. "Ella" había encontrado una casa pequeña en las afuera de la ciudad. Su casita era triste, vieja y las habitaciones principales de la casa apenas dejaban entrar la luz. De aquella casita emanaba tanto tristeza que al entrar, me sentía incomoda.

No había ninguna alma en aquel lugar. Sin embargo, iba a menudo con mi padre a hacerle la visita. Y no sabía por qué "Ella" ya no vivía con nosotros. La verdad era que aquella casa servía de refugio a mi padre con el fin de poder encontrarse con ella pero eso obviamente yo lo ignoraba. Numerosos acontecimientos ocurrieron aquel año sobretodo graves problemas financieros. Mi padre ya no traía sufrientemente contratos. Había colocado en la puerta de la casa una placa de agente de seguros con la esperanza de ganarse clientela.

Los dueños de la casa le exigieron enseguida que la retirase, por no respeto de la cláusulas del contrato de alquiler. Eso lo chocó profundamente y lo avergonzó.

No tenía contrato fijo pero trabajaba con comisiones y había poco dinero en casa. Sin embargo, hicimos la compra de unos muebles de comedor, una mesa con 6 sillas, un parador y otro con cristal.

Una noche, mientras estábamos todos reunidos en la cocina grande, la empresa de los muebles que nos los había entregado unos meses antes, se presentó y dos malabares de mudanza se presentaron para venir a desmontar los muebles.

Mi padre y mi madre estaban ocupados en mirar a los hombres dedicándose al desmontaje de los muebles, yo estaba tetanizada al ver nuestros muebles estar cargados en el camión.

En cuanto a mi hermano mayor, él se fue a encerrar en el cuarto de baño para llorar. Pero no fueron ni mi padre, ni mi madre quienes se fueron al cuarto de baño para darle consuelo sino mi abuela paterna de visita en casa aquel día. Era un verdadero golpe duro para nosotros.

Era sobretodo muy traumatizante, lo que con perspectiva me choca, es que ni mi madre, ni mi paternal habían intentado explicarnos la situación o tan siquiera intentado hacer que no nos preocupásemos después de aquel incidente.

Los problemas financieros de la pareja formada por mamá y papá no se solucionaron por desgracia con el paso del tiempo. Ocurría a veces que no pudimos comer suficientemente. Me acuerdo que fue en aquella época que que teníamos platos de comida regalados por el ayuntamiento. Cuando recibíamos nuestro brioche de Navidad y jerseys de parte del ayuntamiento, éramos felices y entre los pocos de nuestra clase en recibirlos. Sin embargo, eso significaba que éramos pobres y necesitados.

En año 1973 fue un año difícil que coincide con un aborto espontáneo de mamá. La fatiga la había agotado y la situación financiera había empeorado con el nacimiento en el 1974 de lo que fue mi mayor regalo de mi infancia: el nacimiento de mi hermanita.

"20 años en búsqueda de una historia paternal"

1974

"20 años en búsqueda de una historia paternal"

El nacimiento de mi hermana

Después de los dos últimos abortos espontáneos que había tenido, mamá había decidido descansar un poco... pero fue unas semanas después de saber que estaba esperando un hijo para principios de noviembre de 1974.

Mientras tanto, también nos habíamos enterado de que "Ella" también estaba embarazada para septiembre de 1974. Durante unas semanas, "Ella" aparentemente estaba viendo, al parecer, a un joven de su edad y había empezado a trabajar en una clínica donde estaba asignada a las cocinas.

"Ella" se había mudado al cuarto de una pequeña criada y parecía que "Ella" había salido un poco de nuestras vidas. Al menos, eso es lo que mamá pensaba.

En todo caso, la veíamos cada vez menos, excepto cuando "Ella" también estaba cansada de su embarazo y cuando "Ella" se refugiaba con nosotros en sus momentos de soledad. Tiempo después "Ella" también nos dijo que "Ella" ya no se veía con su novio y que "Ella" estaba pensando en criar sola a su bebé.

En 1974, esto todavía no era muy común y "Ella" fue llamada muy rápidamente "hija-madre", un término común en esa época. En ese momento, cuando sus abuelos habían venido a visitarla con la esperanza de traerla a casa en su condición, "Ella" se había negado.

En la misma época, "Ella" le había pedido a mi padre que eligiera entre "Ella" y "Mamá", y él simplemente le había respondido que si "Ella" continuaba quejándose, la enviaría de vuelta a vivir con su madre.

Al contrario, incluso había sugerido "acostarse" con uno de sus colegas, un famoso Edouard, muy repugnante, para que reconociera a este niño que "ella" llevaba. Este colega estaba enamorado de "Ella" pero nunca "Ella" respondió a sus avances y continuó manteniendo su relación con nuestro padre.

Mi madre lloraba mucho, sobretodo porque

mi padre se negaba a creer que el niño que mi madre llevaba dentro era suyo, prestando sus vergonzosas palabras de engaño, intolerables sobre todo delante de una mujer embarazada.

Vi la barriga de mamá y deseé que fuera niña.

Mamá dio a luz a una niña a los 34 años. "Elle" Dos meses antes, a los 20 años, dio a luz a un niño. Cuando la veía, "Ella" con su vientre redondo y sin marido a su lado, siempre me preguntaba quién era el padre de su bebé. No estaba saliendo con nadie, no tenía novio y trabajaba todo el día.

"Ella", sin embargo, había pasado sus últimos meses de embarazo con nosotros a menudo.

Papá raramente estaba en casa, ocupado con sus relaciones extramatrimoniales, así que a menudo estábamos solos con mamá y nuestra madre tenía que lidiar con todo.

La llegada de mi hermana a nuestro hogar fue uno de los momentos más mágicos.

Todavía la veo llegar en los brazos de mamá y recuerdo que la cogí en mis brazos inmediatamente. Me acosté en el sofá de tela de la sala de estar, la abracé muy fuerte y me quedé dormida con ella.

Era tan bonita, estaba fresca, toda rosada y olía bien. También recuerdo haberme quedado dormida en mi cama con ella en otro momento. Incluso había rodado bajo la cama y fue su grito el que me despertó de mi sueño.

La cuidaba mucho, le cambiaba los pañales, le daba el biberón. Solía llevarla a pasear orgullosa en un carrito. Ella era mi bebé y era realmente hermosa.

Papá nunca estaba ahí y cuando volvía a casa por la noche, era para emborracharse de nuevo.

Recuerdo una noche cuando había estado bebiendo mucho y en el bordo de la mesa se puso a llorar y acercó los labios para darnos un beso.

Recuerdo haber sentido asco por este comportamiento repulsivo y especialmente chocante, especialmente porque nunca nos abrazaba. Nunca nos pegaba o raramente, lo sé, pero siempre nos ha ignorado. Es sencillo, era frío, distante, ausente o borracho.

Sin embargo, debido a que no quería que mi hermano mayor fuera tan "fracasado" como solía decir, lo agobiaba con libros y lo

ponía muy temprano frente a la televisión para casi obligarlo a seguir los documentales. También le había comprado toda la colección de Jules Vernes para que la leyera.

Recuerdo toda la colección de "Julio Verne" colocada en la chimenea.

De mí, me decía que "como era niña, no era tan importante que triunfara" y menos aún que me casara por amor, lo importante era que encontrara un buen marido que tuviera dinero.

Por su parte y desde el nacimiento de su hijo, "Ella" casi había desaparecido de nuestras vidas, al menos durante los primeros meses.

"20 años en búsqueda de una historia paternal"

Ausente

1975

"20 años en búsqueda de una historia paternal"

El dinero

Con la llegada de mi hermana, entonces de otro miembro de la familia, el dinero llegó a faltar. Mi padre no ganaba lo suficiente bien para mantenernos y mi madre, que trabajaba en el servicio público como auxiliar de enfermería, no tenía un salario muy alto. Muy a menudo traía el resto de las bandejas de sus pacientes y las terminábamos en casa. Podían ser magdalenas, pequeñas compotas o pequeñas galletas, así que teníamos postres gratis en casa. En la escuela teníamos derecho a unos regalos de Navidad de la ciudad y calcetines.

Inicialmente, fuimos al comedor de la escuela, lo que nos permitió tener comidas calientes, pero a cabo de unos meses, la escuela nos dio de baja porque las facturas no se pagaban regularmente. Caminábamos a casa cada mediodía y tardábamos más de 30 minutos.

Mamá estaba cada vez más cansada y fue unos días después de una larga discusión entre mamá y mi padre que supimos la causa. ¡Mamá estaba embarazada otra vez! Mi madre tuvo un aborto unas semanas después, ya que mientras tanto el aborto se había vuelto legal.

Ella había ido al hospital pero no había sido hospitalizada en aquel entonces. Recuerdo un domingo que estuvo todo el día en cama con fiebre. Como aquel día, "Ella" estaba allí, "Ella" la estaba cuidando. Mamá estaba demasiado débil para levantarse y mi padre había salido a pasear. Mamá había estado acostada en la sala de estar.

Unas semanas después, se hizo esterilizar. En la escuela todo me iba muy bien, fui una muy buena estudiante y participaba mucho en clase. Aparentemente era muy habladora y esa fue la razón por la que me habían separado de mi compañera de clase. Tengo muy buenos recuerdos de esa escuela de la calle de los mártires. Era una escuela antigua, pero tenía muchos amigos allí.

Normalmente, siempre estaba entre los mejores de mi clase. Recuerdo ese último año de primaria cuando terminé segunda. Ya estaba deseando ir a primer curso y seguir el camino de mi hermano mayor que era un modelo a seguir. Estaba a punto de empezar a aprender inglés.

También tengo buenos recuerdos del director de mi escuela primaria que fue mi maestro de último año de primaria. Me tenía mucho aprecio. El año 1975 fue también el año en que me preparé para la comunión privada y pasé las tardes en el "Fripounet", una actividad religiosa de los miércoles donde cantábamos, hacíamos teatro y cerámica.

Buenos momentos de distancia, lejos de los choques financieros y de la familia en definitiva.

"20 años en búsqueda de una historia paternal"

Ausente

1976

"20 años en búsqueda de una historia paternal"

El accidente

Recuerdo ese día como si hubiera ocurrido ayer. Aquel domingo y mamá estaba fregando el piso de la cocina y limpiando y fregando. Mis dos hermanos estaban jugando juntos en la sala de estar y yo estaba cuidando de mi hermanita, "Ella" había venido a visitarnos con su hijo.

Aquel verano, hacía muchísimo calor. Mi padre había decidido hacer una barbacoa y la temperatura era de 40°C. Mi viejo había puesto carbón en la barbacoa y rociado todo con alcohol. Hubo un ligero viento y "Ella" estaba sacudiendo un recogedor para mantener viva la llama. De repente y debido a la brisa, el fuego se incendió de repente y el retorno de llama se dirigió hacia mi padre. Su pantorrilla se incendió inmediatamente. Gritó de dolor y corrió al cuarto de baño junto a la cocina. Todavía veo a mi padre con una camiseta roja y pantalones cortos, dirigiéndose con su pierna ardiendo en su pantorrilla peluda hacia el cuarto de baño.

"Ella" lo siguió inmediatamente para ayudarlo a agarrar el brazo de la ducha. Mamá todavía estaba terminando de fregar el piso y al no reaccionar inmediatamente, fue "Ella" quien tomó la iniciativa de mojar su pantorrilla con el brazo de la ducha. Su pierna estaba quemada viva y gemía de dolor. Trató de calmarse, sabiendo que estábamos en pleno verano y que una quemadura es extremadamente dolorosa. Después de unos instantes, papá decidió conducir hasta el hospital. "Ella" no tenía carnet de conducir. Tampoco mamá. En aquella época no teníamos teléfono, así que papá se llevó su Opel.

Taurus break con asientos de imitación de cuero para conducir hasta el hospital. No fue mamá quien lo acompañó al hospital, sino "Ella" de nuevo. Por la noche y después de visitarlo un poco más tarde, mamá nos dijo que papá se había quemado en tercer grado en las piernas y parte del abdomen y que se quedaría varias semanas o incluso meses en el hospital. Este año 1976, no sólo fue el más caluroso con una verdadera ola de calor, sino también el comienzo de un cambio radical de toda nuestra infancia.

Fuimos a visitar a nuestro padre, que fue

hospitalizado en el departamento de "traumatología" del hospital donde mamá trabajaba. Fue durante ese período de vuelta al cole que regresó del hospital. Debido a su largo período de recuperación, mi padre había perdido su trabajo como agente de seguros y, debido a que nunca había trabajado lo suficiente, nunca tuvo derecho al paro. Al menos, nunca se inscribió por orgullo fuera de lugar. En aquel momento, estar desempleado era muy vergonzoso, especialmente porque las personas que buscaban trabajo eran muy raras. A partir de ese momento, mamá comenzó a financiar nuestras vidas exclusivamente, con su pequeño salario de auxiliar de enfermería, cuatro hijos a cargo y un esposo que comenzaba a acomodarse en esta vida sin hacer nada. Nunca volvió a trabajar y esa fue la última vez que lo vi trabajar.

Económicamente fue muy difícil para todos nosotros. Los años anteriores ya habían sido muy difíciles y esos años se anunciaban sombríos.
Sin embargo, de vez en cuando era "Ella" quien nos traía las sobras de carne de la clínica donde "Ella" trabajaba. Mirando hacia atrás, "Ella" realmente se arriesgó mucho al llavarse alimentos que no habían sido consumidos por los enfermos. Eran los días felices cuando comíamos

carne.

A finales de 1976, nos mudamos a una nueva casa porque teníamos que dejar la casa que iba a ser ocupada por la familia del propietario. Desgraciadamente, porque nos gustaba mucho esa casa por su lado espacioso y sobre todo por su gran jardín lleno de flores. La nueva casa a la que nos habíamos mudado no era una casa bonita y estábamos muy lejos de Valenciennes y el transporte al colegio era a menudo un problema. A veces papá incluso se olvidaba de recogernos. Caminábamos entonces de vuelta a casa y tardábamos más de una hora. A finales de 1976, "ella" abandonó la habitación que había alquilado en Valenciennes para trasladarse con su hijo a un estudio. De hecho, se trataba de una habitación central separada por una cortina en un barrio bastante malo. La sala principal del apartamento fue utilizada como sala de estar, comedor y dormitorio. El piso no estaba muy bonito, los baños estaban sucios, al igual que las escaleras.

Solía visitarla a veces. En realidad, fue mi padre quien me llevaba a casa de "Ella".

Hablaba de todo y de nada con "Ella" o veía la televisión. A menudo, "Ella" me pedía que

Ausente

saliera a pasear con el pretexto de que "ella" necesitaba hablar con mi padre. Tenía once años y ¿qué entiende a esa edad? Lo aprenderé en 1977 a mi costa.

"20 años en búsqueda de una historia paternal"

Mayo del 1977

Mi comunión

En mayo de 1977 estaba preparando mi comunión solemne y me alegraba con la idea de poder llevar la sotana en la iglesia. Papá había planeado un restaurante para la comunión el lunes y para el domingo, se acordó que comeríamos en un "Flunch" en las afueras de la ciudad.

La comunión se celebraba tradicionalmente a lo largo de dos días. Los domingos se celebraba generalmente con la familia y los lunes en pequeños círculos.

Para nosotros era un poco más complicado porque mi abuela materna y mis abuelos paternos no se querían ver. Así que mi abuela materna fue invitada el domingo y mis abuelos paternos el lunes.

Así que el domingo, con mis hermanos, mis padres y mi abuela materna, Mémé, fuimos a celebrarla, en un "Flunch". Nos fuimos justo después de la misa alrededor de las 12:00, comimos, tomamos helado de postre y fuimos a casa de mi abuela a tomar café. Después del café, mi padre, fingiendo estar cansado, fue a acostarse en la cama de Mémé para echar una siesta. Fue alrededor de las 16.00 horas cuando volvimos a casa.

El lunes por la mañana, fuimos después de la iglesia a Jeanlain, un pequeño pueblo en las afueras de Valenciennes. Mis padres reservaron un restaurante allí. Toda la familia estaba reunida, Edouard, amigo de la familia también estaba presente. Ese amigo de la familia no era muy malo pero daba miedo con su ojo izquierdo que nunca había operado y que salía de su órbita. Eduardo, sin embargo, tenía un corazón de oro y se sintió atraído por "Ella". "Ella" no estaba presente aquel día, pero mis abuelos paternos sí. Recuerdo haber comido "codorniz con cerezas" por primera vez y también por última vez. También recuerdo los rostros de mis abuelos que se odiaban y se sentían obligados a venir. De hecho, tengo pocos recuerdos positivos de ellos. Por un lado éramos "polacos sucios", mejor aún "Polonia" como decía mi abuelo paterno, y por otro lado "franceses sucios". Lo más dramático de la historia es que la historia se repetía, mis padres se habían casado dos veces: el domingo con mi madre y su familia, al día siguiente con mi padre y su familia. E incluso el día de mi comunión, ninguno de los dos hizo una tregua.

Pero estaba lejos de imaginarme que se estaban gestando acontecimientos aún más tristes. Lo que fue sorprendente fue que en los últimos días, mi padre tampoco estaba presente. Dijo que estaba muy cansado porque había empezado a trabajar de noche y por eso ya se había llevado algunos de sus trajes para poder vestirse, dijo, allí y, por lo tanto, esa parte del armario del dormitorio estaba vacía. Mientras trabajaba, fue sin él que pasamos unas vacaciones en 1977 en las playas del norte de Francia.

Mamá había alquilado un apartamento para nosotros seis, los cuatro niños, y mamá y yaya, nuestra abuela paterna. En ese momento, los primeros signos de la enfermedad de Alzheimer de la abuela se notaron.

Papá había venido a llevarnos y como supuestamente había encontrado un nuevo trabajo, no le resultaba posible quedarse con nosotros. Así que la abuela había venido a pasar las vacaciones para ayudar a mamá. Fue durante aquellas vacaciones que los primeros signos de la adolescencia aparecieron en mí. Podía ver cómo cambiaba mi cuerpo y recuerdo cuando mi madre me dijo: "¡Estás creciendo y te estás haciendo más mayor! "Empecé a llorar y a decir "¡No, no quiero crecer! ». Pasamos dos semanas y esas dos semanas fueron muy tristes. Recuerdo las discusiones entre la abuela y mamá. Y sobretodo, recuerdo los elogios de mi abuela hacia mi padre. Y todavía recuerdo y especialmente de la reacción de mamá a estas alabanzas, justo frente a nosotros y por primera vez. Mamá nunca dijo nada malo sobre nuestro viejo. Sin embargo, un día, después de que mi abuela todavía hablaba de su hijo con admiración, mi madre estalló diciendo: "¡Ya estoy harta, basta de hablar de él como un dios, no es un ángel su hijo! ».

Recuerdo esas palabras, porque no era el tipo de mi madre explotar de rabia y especialmente porque hablaba negativamente de mi padre. Así que pasamos dos semanas en un bungaló junto al mar con una abuela completamente ausente de nosotros y una madre liada con cuatros niños.

Tan pronto como volvimos, mamá y papá decidieron dejar la casa donde habíamos vivido durante dos años para buscar un apartamento un poco más cerca de los colegios y escuelas donde íbamos a la escuela y especialmente un HLM que sería financiado en gran parte por el Fondo de Asignación Familiar.

Unos días antes de la mudanza en 1977,

mientras empacaba las cajas, mamá se dio cuenta de que la ropa de papá no había sido empacada y me pidió que mirara en los armarios. Sin embargo, no le sorprendió que papá le dijera que se reuniría con ella en unas semanas en el apartamento, pero que antes tenía que estabilizar su base social.

En otras palabras, estaba en periodo de prueba y no podía reunirse con nosotros de inmediato.

¿Por qué no quería reunirse con nosotros? ¿Por qué no ahora? ¿Por qué estaba mintiendo? Fue en ese momento cuando obtuve la respuesta que estaba buscando a mi pregunta. Pero no sabía que era esa respuesta la que cambiaría mi vida para siempre y destruir mi adolescencia dejando una huella, mi huella de por vida. Esta respuesta, que provocó un verdadero huracán en la vida de todos nosotros, cuando apenas tenía doce años, "Ella" me la dio.

Juin 1977

"20 años en búsqueda de una historia paternal"

El mes de las revelaciones

Nos mudamos a Anzin en un gran apartamento. Y es en este apartamento donde íbamos a vivir. Y fue en este apartamento donde viviríamos hasta el 1984. Era un apartamento social de cuatro habitaciones, bien situado cerca de la plaza de Anzin. Recuerdo sus habitaciones, todas fantásticamente decoradas y coloridas. En este lugar, hay muy buenos recuerdos: las salidas con amigos, encuentros con el vecindario, poder ir al mercado cercano y también estar cerca del colegio a tiro de piedra de casa y de los demás. Porque una vez más, estábamos libres de nuestros movimientos, podíamos ir a la escuela solos y sin tener que hacerlo dependiendo de un coche o de un autobús. Y luego, rápidamente nos conectamos con el vecindario, yo en particular con muchas niñas que iban a mi colegio.

Pero son sobretodo estos momentos terribles los que quedan en la memoria.

Había ido en autobús a visitarle porque me sorprendió no ver a papá reaparecer. Como confiaba en "Ella" casi ciegamente, estaba seguro de que "Ella" me daría una respuesta. "Ella" me la dio: "Bueno, escucha, te diré algo, pero por favor no se lo digas a nadie: ¡me acuesto con tu padre y tengo un hijo suyo ¡y tú lo conoces! Primero, ¿qué significa "acostarse" para una niña de 12 años? Lo que entendí sobre todo fue que su hijo era de hecho también su hijo y por lo tanto nuestro medio-hermano. Y "Ella" añadió "Tu padre vive conmigo ahora y no irá a vivir contigo, ¡pero puedes verlo todo lo que quieras! ».

Me eché a llorar cuando me enteré de eso. Papá ya no estaría con mamá y ya nos había dejado. Y entonces me acababa de enterar de que tenía un medio hermano que era dos meses mayor que mi hermana. Llegué a casa, completamente conmocionada, como aturdida por esta noticia y especialmente llena de rabia. Mamá estaba trabajando aquel día. Durante varias semanas mantuve ese pesado secreto. Mi comportamiento había comenzado a cambiar y estaba empezando a replegarme en mí misma. Pensaba mucho y sobre todo sabía cosas pensando que mis hermanos no sabían nada. Luego... me desmoroné después de dos semanas. Mamá estaba acostada allí, me acerqué a ella y le conté toda la conversación. "Mamá, sabes, fui a visitarlo hace unas semanas, y sabes, "Ella" me dijo por qué papá no estaba durmiendo en casa, y no es porque trabaje. De hecho, "Ella" me dijo que "ella" se acostaba con papá y que su hijo era su hijo. Mamá estaba horrorizada y completamente conmocionada. ¿Lo sabía o era tan ingenua? Su cara se había vuelto pálida, su cara había cambiado. Creo que por dentro lo sabía, pero nunca quiso saberlo. Acababa, creo de tener una respuesta a las preguntas que se hacía por dentro. ¿Cómo pudo llevarlo? Y yo entraba y ponía una nota en lo que ella necesitaba saber: ¡Papá la engañaba con "ella"! Cuántas veces pude recordar ese momento y por cuánto tiempo me culpé! ¿Cuántas veces me he sentido responsable de establecer el procedimiento de divorcio? Mamá estaba tan conmovida por la noticia que me dijo: "¡Diles a tus hermanos que papá se ha ido!" "¡Dilo, tú!" Así que llevé a mi hermano mayor a un lado para decírselo. "Sabes, papá se fue a vivir con "Ella", y tienen un hijo juntos?" Mi hermano mayor se echó a llorar y fue a encerrarse en su habitación. Mi madre trató de hablar con él pero en vano. A partir de ese momento, fue su habitación la que sirvió de único refugio. Mi hermano menor reaccionó de una manera mucho más relajada en apariencia y, sin embargo, fue a partir de ese momento que comenzó a

mojar su cama de nuevo. Igual que mi hermana de tres años, que empezó a mojar la cama de nuevo. Mamá me dijo que iba a ver a una trabajadora social para buscar ayuda y pedir trabajar de nuevo por las noches para tener más dinero. Pero me prometió que no iría a ver a un abogado para pedir una separación formal con papá. Nos volvimos a encontrar unas semanas después, en una cita con una trabajadora social, pero no sé por qué tuve que acompañar a mi madre, pero asistí a la reunión. Creo que mamá no quería estar sola en esta reunión. Durante la cita, mamá le dijo que había contratado a un abogado e iniciado un procedimiento de separación.

En esa época, los procedimientos de divorcio eran largos y el tema principal era la separación.

En 1978, los divorcios seguían concediéndose por culpa de faltas exclusivos, pero en términos absolutos, los divorcios todavía no eran aceptados por la sociedad. Había tres veces menos divorcios que ahora. Me sorprendió porque mamá ni siquiera había hablado con nosotros lo que tendría enormes consecuencias para nosotros: EL DIVORCIO! Y luego me sentí traicionada porque mamá ni siquiera nos había consultado y sobre todo porque le había dicho a mamá: "¡Por favor, no te divorcies! ».

En cuanto a mi padre, estaba definitivamente ausente de nuestras vidas. Al menos él, sí, y "ella", no. En cuanto a mamá, había entrado en un período de profunda depresión. No se levantaba, no se vestía, dormía todo el día y tenía fiebre. En su sueño, a veces deliraba diciendo cosas incomprensibles y yo lo escuchaba. Mirando hacia atrás, comprendí que era nuestro padre él que la quería internada porque decía "estaba loca". Mi padre reapareció en ese mismo momento, durante uno de los delirios de mamá.

¿Por qué vino exactamente este día en particular? No tengo ni idea.

Llegó a nuestra casa una tarde. Los cuatro estábamos en la cocina y mamá estaba tumbada en la cama del cuarto de atrás en un delirio. Cuando nuestro padre tocó el timbre, después de mirar por el ojo de la mirilla, lo dejamos entrar. "Ella" se había escondido detrás de la puerta y cuando abrimos la puerta, "Ella" entró por la fuerza en el apartamento. Mi hermano mayor quiso alejarla y tratamos de evitarla. "Ella" vino a explicarnos que "Ella" nos quería y que "Ella" quería explicarnos la situación. Mamá, acostada en su cuarto, estaba febril y no entendía la situación bajo su techo. "Ella" se dirigió a la habitación y le preparó un caldo, con el fin de ponerla en pie. Hay que tener mucha cara para infligir su presencia a mamá No, sólo nos quitó a nuestro padre, pero también iba de enfermera. Había que tener mucho valor para hacer eso. Recuerdo que le tiró una olla de agua tibia a la cara y la ayudó a levantarse y a llevarla en el baño. Mamá estaba de baja por enfermedad, estábamos en pleno verano y un día mamá se fue al hospital psiquiátrico. Mamá había sido por orden del médico internada y tuvo que quedarse ingresada en el hospital durante un mes para descansar. Sólo se quedó allí una semana, el tiempo suficiente, dijo para convencerse de que no estaba loca. Así que estábamos solos.

No recuerdo que tuviéramos la visita de nuestro padre, durante este período. Él era

tan débil y dominado en apariencia por esta

mujer, que de hecho nos había abandonado a los cuatro. No nos habían mandado en una familia de acogida, por la noche dormíamos solos, durante el día estábamos solos y cocinaba o calentaba las latas al mediodía. A veces nuestra abuela materna iba a visitarnos para asegurarse de que estábamos bien, pero no se quedaba a pasar la noche. Finalmente, mamá llegó a casa una semana después del hospital. Este ha sido un año terrible en muchos sentidos. Mamá estaba bien comprometido en su procedimiento de su divorcio y veía a su abogado muy a menudo. Apenas veíamos a mi padre, y sobre todo se había mudado en un pequeño municipio no muy lejos de nosotros.

Cuando quería vernos, caminábamos hasta su casa. Recuerdo mucho más tarde un invierno nevado cuando caminamos a su casa en clima frío y seco, los visitamos con una hermana de tres años y cuando llegamos nos encontramos con la puerta cerrada. Esas vacaciones de verano pasaron muy rápidamente y fue un año de quinta que empecé en la mayor confusión.

Ya había establecido un círculo de amigas: Patricia, Christine, Murielle y Nathalie. Ya estaban a mi alrededor pero este año del quinto, lo sentí diferente. Sería mi primera vuelta al cole sin un padre en casa. ¿Pero por qué iba a ser de otra manera? Ni siquiera se había molestado en ir a la fiesta de fin de año donde yo estaba haciendo un espectáculo de marionetas, así que ¿por qué iba a venir a la escuela?

Ausente

1978

"20 años en búsqueda de una historia paternal"

Mis años de 2° y 3° de la ESO

Fue una época durante la cual estaba muy mal. Mis nota se vieron obviamente afectadas. Esas dos vueltas al cole en 2° y 3° grado fueron difíciles, especialmente porque era la primera vez que volvíamos al cole sin un padre. Este año de 2° fue horrible en muchos sentidos, primero mamá estuvo muy involucrada en su divorcio, luego porque ya no vimos a papá, porque "ella" estaba esperando su segundo hijo de él.

Mamá se dio cuenta entonces de que nunca volvería a casa y que ella sufría terriblemente. Y luego porque empecé a ser dejada de lado en el cole especialmente al final del 2° curso y sobretodo encontré poca empatía por parte de los profesores, No hay que olvidar que estamos en 1978 y que los profesores no estaban formados para este tipo de contextos familiares y que en aquella época el divorcio se vivía como un verdadero drama o incluso una vergüenza. Había poco o ningún asesoramiento. Por lo contrario, algunos profesores que conocían bien la situación actual no intentaban entenderme. En aquel momento, encontré muros de incomprensión frente a mí. Sufría de temblores insoportables en las manos que me impedían escribir correctamente o incluso hacer trabajos manuales. Yo, que hasta entonces siempre había tenido muy buenas notas, me encontraba con notas muy regulares, me volvía introvertida y muy tímida. A veces lloraba, sobretodo cuando la profesora de francés me culpaba, diciéndome que no estaba trabajando.

Un día, en medio de la clase, incluso me dijo con frialdad: "¡Sólo porque tu padre se haya pirado no significa que tengas que hacer pucheros! ». En aquella época, mamá debería haberse quejado de un comportamiento tan inaceptable por parte de un profesor. Resulta que la profesora era la esposa del subdirector. El único consuelo que encontré en aquel momento fue con mi profesora de dibujo. Él animaba entre otras cosas el club de marionetas del que yo era miembro y fue un placer ir allí porque me lo pasaba muy bien. Entonces sobretodo creaba, escribía escenas, imaginaba personajes. El Sr. Lefèbvre,

estaba barbudo como mi padre y yo había

Ausente

hecho una transferencia sobre él. No era
amor, era un padre sustituto sin otras
connotaciones. Él mismo venía de una
familia divorciada y había construido una
vida sentimental equilibrada. Él estaba
obviamente consciente de mis problemas y
los había hablado a menudo conmigo.

No sé si realmente me comprendía, pero al
menos estaba escuchando. Él me permitió
no hundirme. Y esas clases de marionetas
eran geniales porque me estaba alejando de
las clases de esa horrible profesora de
francés, aunque sólo fuera durante las clases
de ensayos. Mi clase era consciente de los
problemas personales y, en parte, había
empezado a rechazarme porque no formaba
parte de las familias "normales".

En el 1978, había pocos "hijos del divorcio",
al menos se hablaba menos de ellos. Sólo mi
amiga Patricia se había quedado a mi lado,
pero sobre todo en secreto, porque los
demás compañeros le habían ordenado que
no me hablara más. La que se habría
enfrentado a ellos por mí porque era, me
parece, fuerte, había cambiado de clase
mientras tanto y se encontraba en una clase
vecina. Patricia me vio en secreto porque
sabía que sería excluida del grupo. Mamá
trabajaba de noche y pasábamos las noches
solas en este gran apartamento. Mamá quería

ganar más dinero para que pudiéramos vivir un poco mejor. Mi padre no sólo no pagaba la

pensión alimenticia establecida por el tribunal, sino que no buscaba la manera de vernos. Apenas estaba allí y yo estaba en el peor momento de mi vida, buscándolo. Nunca visitó a ninguno de los niños, no estaba allí para los cumpleaños ni mucho menos para las fiestas. Pasamos la Navidad solos frente a nuestra caja de Raviolis.

¿Cómo pudo ser que nuestros abuelos nos dejasen solos por la noche? Mi hermano mayor tenía 15 años, yo 13, mi hermano menor 10 y mi hermana 4. Mirando atrás, ¿cómo fue que ningún vecino haya hablado? Y él, ¿cómo podía aceptar que sus hijos estuvieran solos por la noche? Creo que ahora, tal como están las cosas, los servicios sociales nos habrían colocado en familias de acogida. Bueno, sobrevivimos, pero con muchos defectos, incluido el de la seguridad. Este año 1978 también estuvo marcado por eventos felices incluyendo para mí el lanzamiento del GREASE que me apresuré de ir a ver en el cine tres veces y me enamoré en aquella del actor John Travolta.

De hecho, probablemente fue mi primer sentimiento de "amor" y había comprado muchos de sus carteles y había adornado mi cuarto con ellos. También tengo buenos recuerdos de mis compras por la noche en las tiendas con mi madre, mi club de marionetas donde escribía los textos, mis clases de teatro y el concurso de dicción que gané aquel año. Pero también tengo un recuerdo menos alegre como el de usar mis primeros aparatos dentales en forma de anillos. Estos anillos me hacían sufrir horriblemente porque cada vez que hablaba, mis anillos entraban en mis encías. Y luego, es todo este año de tercero y cuarto de la ESO que ya no sonreí más.

¿Será que ya estaba en una forma de depresión o fue porque no quería mostrar mis anillos? Probablemente ambas. Con la retrospectiva, mis años de segundaría se resumen en unos largos momentos de soledad. Estaba sola en casa, me iba a casa sola, me preparaba la comida para comer sola, por la noche estábamos solos, porque mamá se iba alrededor de las 18.30 al trabajo. Al final del 3º curso, mi padre volvió a tener un poco de contacto con nosotros, a menudo éramos nosotros cuatro los que íbamos a verle a él y a "Ella" y a menudo cuando llegábamos no estaban allí. De este período, recuerdo mi primer año de aprendizaje del español. Había escogido este idioma más para quedarme con mi amiga

Patricia y especialmente para no hacer como mi hermano mayor que había escogido el alemán como segundo idioma. Como mi madre no hablaba ningún idioma extranjero, no le importaban nuestras opciones lingüísticas. Sin embargo, el español fue el comienzo de una extraordinaria aventura con este país que quiero: España.

Mi interés por los idiomas iba en aumento, así como mi deseo de viajar. Me había apasionado por Gran Bretaña y esa pasión se confirmó el día en que puse el pie por primera vez allí. Este cuarto año terminó con nuestras vacaciones de verano en Colleville/mer (Calvados), cerca de Bayeux en Normandía.

Habíamos ido a Normandía con mamá y mis hermanos y hermana en la costa. Ya habíamos estado en este club de vacaciones muchos años antes con nuestro padre. Desafortunadamente, tengo pocos recuerdos de este período, excepto una visita al cementerio americano a nuestro regreso de vacaciones. Había llovido

mucho y ya estaba oscuro. Estas nuevas vacaciones, esta vez sin padre, parecían estar bien encaminadas. Inmediatamente me hice amiga de muchas chicas, incluida una holandesa. Fue durante estas fiestas que mamá conoció al que se convertiría en su amante por unos años. Pasó sus vacaciones con su familia pero sin su esposa. También tuvo 4 hijos de más o menos nuestra edad. Rápidamente me hice amiga de su hija y pasaba la mayor parte del día con ella en el teatro y en el club de marionetas. Mi hermano menor pasaba mucho tiempo con su hijo. Y mi hermana con su hijo menor de la misma edad que ella. Mi hermano mayor se quedaba solo en la casa durante días y salía con nosotros muy pocas veces. No hacía amigos y se sentía cada vez más solo. Mamá pasó mucho tiempo con este hombre, pero en ese momento no sentí que la relación con él cambiaría a más. Fue a nuestro regreso de las vacaciones y especialmente después de haber descubierto a mi madre y él en la mesa de un restaurante de la zona, cogidos de la mano, que me di cuenta de que ella había comenzado una aventura con él.

Esto me impactó profundamente porque ella misma había sido víctima de los engaños de mi padre y a su vez conocía a un hombre casado. La peor parte fue que mamá nos dijo que había conocido a alguien pero que no quería presentárnoslo. Ella ya había hecho algunos intentos de conocer a hombres a través de anuncios. Había conocido a algunas personas interesantes, pero ningunos de sus encuentros había tenido éxito, sin duda, porque todavía le costaba olvidar a papá. Después de las vacaciones de verano, entré a clase de cuarto curso. Este año fue difícil por varias razones: primero mi mejor amiga de la época Patricia había sido separada de mi clase como la mayoría de la gente con la que estaba un poco integrada y me encontré no sólo en una clase donde había una mayoría de nuevos rostros y sobre todo la clase era de muy bajo nivel. Las clases de inglés eran monótonas, por ejemplo, y yo era uno de los únicos que participaba con "Boom", un estudiante de origen magrebí, lo que nos valió los apodos de "pelotas" o "lame botas" de la clase. El nivel de esta clase siendo muy bajo, más de las tres cuartas partes de las personas eran enviados a institutos de formación profesional. Por lo que a mí respecta, mi futuro estaba tomando forma gradualmente. Ya sabía que quería ir al instituto y que no planeaba hacer un BEP o un CAP como me habían recomendado los profesores.

Este año ha sido muy difícil desde este punto de vista porque todos me esperaban "a la vuelta de la esquina", pero era sin conocer mi carácter ni mi determinación.

Ausente

1979

El año de mis cambios

Este fue el año de mi primer período. Yo tenía 14 años. Pero lejos de mis amigas que empezaban a coquetear y a interesarse por los chicos de mi clase, yo, los odiaba profundamente: "todos son unos cabrones como mi padre".

El 01.06.1979 marcó con la sentencia de divorcio el fin oficial de la pareja de papá y mamá. Mis notas en el cole eran muy malas y mis notas para aprobar el paso al instituto eran negativas. De mis profesores he oído a menudo: "¡Nunca lo conseguirás! ¡Estás bromeando, tú en el instituto, haz un BEP" y de mi padre añadir "de todas formas eres una chica y lo importante es encontrar a un hombre que tenga dinero, los sentimientos son secundarios" Como le gustaba decir: "Lo importante en la vida es no tener dinero, es que los demás tengan" ¡Qué lema! Precisamente, yo soñaba con estudiar.

Y sobre todo, ya he tenido el valor de decir "¡Lo conseguiré ya verás! ». Precisamente, mi hermano mayor había entrado en el instituto y estaba a punto de graduarse. Así que él sería el primer titulado de un bachillerato de la familia y de toda la historia familiar, y yo quería ser la primera titulada de un bachillerato de la familia. Para mí era imposible no estudiar y el bachillerato fue mi primer paso. Sin embargo, todos mis profesores querían llevarme a la sección de manualidades y no me dejaban ir al instituto. Ellos no pensaban que yo era intelectualmente apta ni para un bachillerato literario! Recuerdo el golpe moral: "se debe considerar la repetición si no claras mejoras durante el tercer trimestre. "Es un acontecimiento inesperado que pondrá fin a esa óptica de la repetición. Desde el principio de mi año de cuarto curso, como lo confirmaban mis notas, era un mala estudiante, y también estaba atrapada en un malestar latente, una falta de puntos de referencia, simplemente la falta de un padre. Lo que me pesaba era sobre todo la ausencia de mi madre que no nos escuchaba, sobre todo por falta de tiempo. Pero sobre todo porque extrañaba mucho a mi padre: por fin una presencia paterna y por supuesto "Ella". Mis amigos hablaban de su padre y yo sufría.

Probablemente estaba en medio de un complejo edípico y no me interesaban los chicos. Peor aún, me dieron asco. Pero a menudo me acercaba a los padres de mis amigas. A los 14 años es difícil no haber dicho la palabra "papá" durante tanto tiempo. Por tercera vez, me había vuelto a relacionar mucho con "Ella", era a "Ella" a quien me dirigía cada vez y no a él.

Un día que me había ido a visitarla a "Ella", estaba hablando de un tema bastante inusual, el deseo de ir a vivir con "Ella". Mamá, no tenía mucho tiempo para dedicarnos y había comenzado una relación con aquel hombre casado. A ella no le gustaba, estaba muy claro pero lo veía regularmente en secreto y fue un día después de seguirla con mi hermano en un bar que los pillamos a los dos tomando café cogidos de la mano. A partir de ese momento, iba a casa muy a menudo. Era físicamente bastante feo pero probablemente muy agradable. Sin embargo, los cinco años de la relación no consiguieron acabar con nuestra repugnancia física hacia él. Sin embargo, fue él quien fue a dejarnos en 1981 de vacaciones en la Vendée para partir al día siguiente e ir a recogernos dos semanas más tarde. Mirando atrás, era un buen hombre. Y aunque unos años después decidió romper con su esposa, mamá nunca quiso que se mudara con nosotros..... ¡Y nosotros tampoco! Una noche cuando fui a ver a mi padre, de repente tuve muchas ganas de estar aún más con él y le pregunté si podía ir a vivir con ellos. Estaba sorprendido, pero de acuerdo. En realidad, estaba huyendo mi vida actual. Me mudé el día 01. Febrero de 1979. Mamá, el tribunal y mis hermanos estaban de acuerdo, especialmente considerando mis notas catastróficas, se acordaban a pensar de que ese cambio podría ser beneficioso, sobretodo porque "Ella" era muy firme con sus hijos y "Ella" lo sería sin duda conmigo. Y pues, podría tener la suerte de conectar de nuevo con él, y vivir en una atmósfera equilibrada. ¡Pensaba yo! ¡Quería yo! Compartí una habitación con mis otros dos hermanastros. Por supuesto, yo tenía 14 años y ellos 4 años y 8 meses. Aunque con mi primer medio hermano no tenía química, probablemente porque tenía la misma edad que mi hermana de dos meses, pero me sentía muy atraída por el menor. No era tan guapo como el primero, al menos, eso es lo que la gente siempre decía de él cuando lo veían, y sin embargo pensé que era adorable a sus tres años. Era muy sensible y me gustaba jugar con él y le daba

los mismos mimos que los que le había dado

a mi hermana desde el principio. "Ella" siempre considerada como una hermana mayor, también me abrazaba. "Ella" siempre decía que yo era su hija, la que nunca tuvo. Yo era feliz. Papá estaba en casa, "Ella" trabajaba y traía el dinero a casa. Ella" hacía las tareas domésticas en una clínica, pero él era el que cocinaba. Al principio y antes de salir para el instituto, me traía una taza de café con leche, a la cama, y cuando me levantaba para prepararme para ir al instituto, encontraba mi almuerzo en la mesa. Todo era mágico. Necesitaba esta presencia masculina y especialmente mi confidente. "Ella" tenía ideas muy fijas sobre la vida, por supuesto, sobre lo que era bueno para mí o no, pero yo era feliz. Así que mis notas empezaron a mejorar considerablemente. Obtuve mi diploma de la escuela secundaria sin siquiera tener que aprobar el examen y fui aceptada en el instituto. Quería aprender un tercer idioma, en este caso el alemán, sin embargo, no fui admitida en el instituto de mi elección, sino en la escuela secundaria que ofrecía un bachillerato A5, con tres idiomas extranjeros. Así que me matriculé en otro instituto para aprender ruso y no alemán. Y una vez más, mucho mejor, porque no sólo he tenido un verdadero placer aprendiendo ruso, que vuelvo a practicar, sino sobre todo porque guardo de esta escuela los mejores recuerdos, los mejores amigos y la obtención de mi bachillerato.

Ausente

1980

"20 años en búsqueda de una historia paternal"

Mi vida en casa de papá.

Mi vida se organizaba al ritmo de la escuela.
No echaba mucho de menos a mamá a
primera vista. La iba a visitar una vez por
semana y veía a mis hermanos en esa
ocasión. Mi hermano menor salía mucho a
jugar con sus amigos. Mientras mi hermano
mayor vivía recluido en su habitación de
adolescente. Tenía pocos contactos con él,
en retrospectiva, creo que estaba un poco
enojado conmigo por haberme ido. En
cuanto a mi hermana, no la veía a menudo.
Ella también jugaba afuera. De estos
recuerdos, recuerdo especialmente su lado
más marimacho. Debido a esta distancia, yo
había tomado un montón de distancia con
mis hermanos. Los amaba por supuesto,
pero la distancia se instalaba. Los miércoles
iba a casa de mi madre después de las clases
de esgrima y comíamos pastel juntos. A
veces mis hermanos y hermana iban a ver a
mi padre y se quedaban allí los sábados.

Mi hermano mayor a veces venía a visitarme
solo, creo que quería verme porque
probablemente me echaba de menos", A
"Ella" a veces le encantaba verlos, a veces no,
dependiendo de su estado de ánimo. "Ella"

tenía un carácter muy inestable, sobretodo los domingos, porque los domingos, "Ella" no trabajaba y estaba ordenando el día y allí "Ella" se enfadaba mucho y luego se volvía malvada y mezquina, como le gustaba decir: "Ella veía "rojo". Entonces, "Ella" se arrepentía de sus palabras. Mi padre fue muy discreto. Una y otra vez. Aprovechaba estas cóleras para escapar y salir a dar una vuelta, dejándola sola con todos los niños. Como siempre, estaba huyendo. Él no le hizo la vida muy fácil tampoco. Las semanas estaban muy ritmadas. Durante la semana, "Ella" trabajaba desde las 6 de la mañana hasta las 14 de la tarde. "Ella" salía en un ciclomotor temprano por la madrugada por cualquier tiempo porque no tenía licencia de conducir. Tan pronto como "Ella" regresaba alrededor de las 14.30 de la tarde, mi padre se escapaba hasta la tarde e incluso hasta la noche y a menudo volvía borracho o ebrio para estar más matizada.

Mi primer año de instituto comenzó muy positivamente. Había dejado ese horrible colegio lleno de recuerdos, especialmente malos. En el instituto, me hice amiga de tres amigas que pronto se convirtieron en muy buenas amigas: Marie, Frédérique y Sylvie. Pasábamos la mayor parte del tiempo juntas, habíamos empezado las clases de ruso y nos divertíamos mucho. Mi pasión por los idiomas iba en aumento. Sé que soñaba con evolucionar en este universo y soñaba con ir a España. Con mamá y papá, nunca habíamos ido lejos y nunca habíamos ido al extranjero de todos modos (excepto en Bélgica que estaba a 13 kilómetros de casa). Mamá no hablaba ningún idioma, no había aprendido ninguno, ni siquiera el de sus padres. Mamá nunca había aprendido polaco porque la abuela nunca le había transmitido su lengua materna por vergüenza de no ser asimilada en Francia. "Otros tiempos, otras costumbres. Poco a poco empezaba a encontrar mi equilibrio en la vida, aunque vi que "Ella" no estaba feliz con mi padre. Ella siempre hubiera querido que se casara con ella, pero le dijo que nunca se volvería a casar jamás. Ahora sé que él nunca la amó, pero la usó y especialmente fue su juventud lo que le gustaba, no a la chica.

Sin embargo, este comienzo en el instituto había despertado en mí sentimientos desconocidos - el descubrimiento de este sentimiento de amar. Iba a mi clase de ruso y esperaba el pasillo con mis amigas. A nuestro lado había una clase de último año. Giré la cabeza mecánicamente y vi a un muchacho de 17 años parado junto a la ventana. Tenía una chaqueta azul marino y parches triangulares rojas en los hombros. Era moreno con los ojos negros, no precisamente guapo pero masculino. Al verle, sentí una extraña sensación. Comencé a temblar y me sorprendió mi comportamiento. ¿Eso fue amor a primera vista? No lo sé y no lo pienso, pero desde aquel día él ocupó mis noches y mis días en el instituto. Estaba feliz de ir al instituto y las vacaciones eran muy largas. De todos modos, me empezaba a interesar a las personas del sexo opuesto. Había recuperado a mi padre y me sentía bien y equilibrada. Me sentía bien en mi vida.

Volvía a casa con mucho gusto, porque mi padre me esperaba al mediodía para almorzar, por la noche, hablaba mucho y "Ella" siempre estaba dispuesta a escucharme. En el instituto, tenía a mis buenos amigos. Había encontrado un equilibrio y sólo tenía ojos para ese chico. En resumen, pensé que tenía un sentimiento de amor y pensé que él lo compartiría algún día, pero para eso tenía que acercarme a él. Mis notas eran mejores, pero mis salidas eran muy estrictas. Por miedo a que me pasara algo, no se me permitía salir de noche. Los horarios   eran estrictos: en invierno hasta las 17.00 y las 18.00 en verano. Acababa de empezar a mantener correspondencia con una española del norte de España. En mayo de 1981, fue el año del cambio de poder. Mitterrand acababa de ser elegido y la izquierda que nunca había pasado bajo la Quinta República estaba allí. Un cierto temor se había asentado en Francia porque como el eje Este-Oeste todavía estaba muy presente. Mi padre, ferviente defensor de Valery Giscard d'Estaing, pensó que los tanques rusos volverían pronto a la ciudad... y elegir el ruso como tercera lengua no había ayudado necesariamente a mi padre a ser más sereno. Dicho esto, tampoco se había opuesto a mi elección lingüística. Este año de primer año de bachillerato pasó serenamente. La vida con mi padre ya estaba arreglada y me llevaba cada vez mejor con "Ella", porque "Ella" encontraba en mí una confidente. A menudo me confiaba sus problemas con papá. Nuestros lunes estaban reservados: era el día del bikini y champán rosado y todo estaba bien. Solía salir con mis amigas y como papá acababa de instalar el teléfono, podía hablar con ellos muy a menudo (en ese momento las llamadas locales eran gratis). En el verano de 1981, fuimos a Vendée con mi madre. Me ofreció llevarme de vacaciones aquel verano.

Acepté, sabiendo que mi padre no se iría de vacaciones.

Fue en la Vendée donde tuve un hermoso encuentro. El encuentro de una amiga, que después de 30 años sigue formando parte de las bonitas amistades de mi vida. Estelle.

Estelle tenía 15 años, era morena, con ojos color avellana y muy guapa. Ella era originaria del oeste de Francia, de Laval. Había venido a pasar las vacaciones con sus padres. Menor de tres hermanos, era mucho más joven que sus hermanos que ya no vivían con sus padres. Le dirigí la palabra por primera vez en un baile organizado por el pueblo de vacaciones e inmediatamente nos hicimos amigas. Ella estaba empezando el segundo año de bachillerato como yo y estaba a punto de pasar su bachillerato en gestión. A los pocos días nos habíamos vuelto inseparables y es esta amistad la que nos une después de 33 años... y sin embargo, dada la distancia de nuestras regiones, nunca pensé que podría mantenerme en contacto con ella. Sin embargo, durante estas agradables vacaciones, habíamos decidido escribirnos una vez al mes y es cada mes que estábamos en contacto. Le

prometí que volveríamos a vernos dentro de

un tiempo y hemos cumplido esta promesa muchas veces. Con el corazón apesadumbrado, nos fuimos de la Vendée donde había pasado unas vacaciones maravillosas. Nadie a mi alrededor creía en esa amistad. Y luego, en septiembre, volví al instituto. Desafortunadamente, ese primer año estuvo marcado por grandes cambios, esos cambios tuvieron consecuencias desastrosas en mi educación y en el desarrollo de mi personalidad, ya bien destrozada por la vida.

1981 – 1982

"20 años en búsqueda de una historia paternal"

Mi segundo año de bachillerato

El año escolar 1981-1982 corresponde al año en que ingresé al primer grado.

Todavía no me había atrevido a acercarme a aquel chico que tanto me gustaba por miedo a ser rechazada.

En casa de papá, la situación había cambiado mucho. "Ella" había tenido su tercer hijo con mi padre y era una niña. Nació en marzo de 1981.

Por supuesto para "Elle" era obviamente perfecto porque "Elle" había tenido dos hijos antes, a mi padre le daba lo mismo, excepto al pensar que iba a ser padre por sexta vez y estaba orgulloso de demostrar lo "capaz" que era.

Le gustaba presumir de tener dos hijos en el mismo año con dos meses de diferencia.

No había mostrado ningún interés en ella ni en su difícil embarazo.

"Ella" fue muy descuidada por mi padre, que llegaba a casa al atardecer, incluso por la noche, sino por la noche, y a menudo borracho.

Inicialmente, "Ella" me confió su incomodidad con papá y a veces "Ella" también consumía alcohol y fue en sus momentos oscuros que "Ella" también era violenta.

"Ella" gritaba por toda la casa y se metía con los niños. Desde el nacimiento de su primera hija, y probablemente por falta de sueño, la situación empeoró.

"Ella" era muy autoritaria, las paredes de la casa respiraban su presencia y mi padre brillaba por su ausencia. Había encontrado lo que buscaba: no trabajar, cuidar muy poco a los niños y salir en cuanto "Ella" volvía a casa del trabajo.

Como a él le gustaba decir "lo importante en la vida es no tener dinero, es que otros lo tengan" - él me decía que me eligiera yo cuando llegara el momento, a un hombre simplemente si tiene dinero sin importar su personalidad, el dinero era su motor.

"Ella" pensaba que los hombres solo

querían sexo y mi viejo decía que todos los hombres eran unos cabrones como él. Tampoco veía evolucionar la situación con respecto a mi amor platónico por este chico del instituto y como todavía no se me acercaba después de un año, lo había archivado en esa categoría a mediados de año.

Además, tenía una mala estima de mí misma y me encontraba muy fea. Era una época en la que estaba profundamente disgustada. Iba vestida como una niña, nada moderna. Es por esta observación que tuve la imprudencia de hacer, que voy a pagar muy caro más tarde... mucho más tarde.

Estamos a principios de 1981, estoy en el segundo trimestre de mi segundo año de bachillerato.

Después de ser rechazada después de que finalmente me acerqué a él, me di cuenta de que no sentía nada por mí, ¡y con razón! Lo vi por primera vez. flirteando en el patio del instituto con su novia. Ella todavía estaba en el colegio y él estaba en su último año de bachillerato que había repetido. Una noche, cuando salí de la discoteca con mi prima, con quien solía salir, conocí a un chico.

Su nombre era Régis, yo tenía 16 años y él 19. Estaba saliendo de una ruptura de un año con su novia. Al parecer se había fijado en mí porque yo era bonita.

Era todo lo contrario de lo que me gustaba, era pelirrojo con pecas, pequeño, más bien gordo, pelo corto y ojos verdes. En resumen, todo para no atraerme.

Me cautivaban mucho los morenos altos de ojos negros, del tipo mediterráneo español o italiano.

Aunque muy lejos de este tipo ideal cuando me preguntó si podíamos volver a vernos, y como no tenía novio, decidí salir con él un poco por curiosidad.

Volví a ver a Régis dos veces y luego le dije que no quería volver a verlo. Desgraciadamente, tuve la imprudencia de decirles a mi padre y a "Ella" sobretodo que había salido con este chico un poco por casualidad sin sentir sentimientos hacia él.

"Ella" tuvo la excelente idea de decirme, que era normal y que estaba bien mientras tuviese dinero.

"Ella" también tuvo la buena idea de contarle a mi abuelo, un machista por naturaleza con el que pasaba los miércoles y con el que tenía una buena relación, y él se indignó al saber que tuve mi primer coqueteo a los 16 años.

A esto se agregó un evento adicional que desestabilizaría nuevamente la vida que había tratado de construir, esa armonía familiar que creía haber encontrado.

En casa de mi padre, traté de ordenar mi vida. Tuve mi primer descubrimiento de nuevos sentimientos, tuve mi primer coqueteo, lo que hizo darme cuenta de que necesitaba amar para encariñarme con alguien.

Mi padre era un hombre débil y cobarde, que se dejaba manipular por esta mujer, por miedo a perder su pequeña comodidad, a saber, dejarse sostener en la vida: no trabajar y vivir de una mujer. Ese era su único objetivo!

No recuerdo que mi padre trabajara afuera. Su cualidad era que cocinaba muy bien. Un día, mientras me quejaba de estar mal vestida y nada de moda, "Ella" se enfadó mucho. "Ah, si es así, me dice, pues, a partir de mañana, ¡te vas a poner la misma ropa durante todo un mes! »

Para castigarme, camufló toda mi ropa y me obligó a ir a la escuela durante todo un mes con las mismas prendas. "Ella" me dio pantalones viejos, una camiseta blanca y un suéter morado con una línea amarilla.

"Ella" me obligó a que me lo quedase todo el mes. Fue entonces cuando empecé a confiarme a una de mis amigas Frédérique.

A "Ella", no le gustaba esa chica, con el pretexto de que era una niña consentida. Sin embargo, esa chica sin problemas me escuchó. Era egocéntrica, pero yo le gustaba, y me escuchaba.

Con el fin de no poner en evidencia mi castigo y para no menospreciarme a mí mismo por llevar la misma ropa, decidí una noche coger la llave del armario que contenía mis prendas, tomé una bolsa de plástico y algunas cosas para esconder las en el sótano. Ese era mi plan y al principio funcionó.

Todas las mañanas, cuando tomaba mi motocicleta del sótano, me cambiaba a escondidas, así que no se enteraba ni dios en el instituto.

16 años es la edad del coqueteo, la edad del

descubrimiento de las primeras emociones... Yo estaba lejos de esas "primeras emociones", era la plaga del divorcio, estaba destrozada, era fea y luego me escondía en los sótanos por la mañana. A menudo he querido esconderme en este sótano y no volver a subir nunca más.

Así que me cambiaba por la mañana, al mediodía de camino a casa, me ponía mi ropa de Cenicienta, luego me cambiaba por la tarde para volver a clase, luego me cambiaba una última vez por la noche antes de recuperar mis trapos.

Había empezado a quejarme a algunos profesores, pero no se habían tomado en serio mis quejas, diciendo que estaba divagando e inventando, según ellos "los adolescentes inventan muchas historias y yo soy una chica sin problemas". Oh, Dios mío, probablemente engañé a los demás muy bien.

En ese momento llevaba un diario y en él había relatado mis problemas en el sótano, mis problemas "con los chicos" y mi deseo de huir. Mi falta de amor, mi falta de ese padre que me rechazaba, al menos me ignoraba a mí y a esta búsqueda de ternura incluso besos de él que nunca recibí. Sentía un malestar muy grande

Un sábado, por una tarde de enero, cuando había ido a visitar a mi madre, como siempre, "Ella" explotó de celos explicándome que una vez más mi madre era una persona fundamentalmente malvada que quería hacerme daño.

Mi padre también me dijo lo mala que era mi madre y que si podía lastimarla, lo haría. Sabía, dijo, cómo hacer que la gente sufriera o muriera lentamente.

Ese sábado en cuestión, mientras yo jugaba con mi hermano mayor con la consola de juegos que mi hermano menor había comprado, "Ella" llamó furiosa a mi madre, exigiendo inmediatamente que me fuera de vuelta a casa.

Preguntándole el porqué, "Ella" simplemente me dijo que "Ella" había leído mi diario y exigió que me volviera a casa.

En mi diario, también escribí sobre la aventura de mi madre con un hombre casado. Pero sobretodo, anoté mis últimas experiencias negativas en él, incluyendo la experiencia del sótano. Ella me rogó que volviera inmediatamente y como me negaba a cumplir con su petición, tuvo un arrebato de lágrimas por teléfono.

Ese día, y protegida por mi hermano mayor, decidí ir a la gendarmería para decirles que había abandonado la casa de mi padre para regresar temporalmente con mi madre. Los gendarmes no prestaron atención a mi destreza y al contrario me dijeron simplemente "¡habría que saber lo que quiere, señorita, con quién quiere vivir!"

"¡Como si lo supiera, ni siquiera sabía quién era yo!" ¡No sabía lo que quería, sólo quería huir! ¡Si hubiera podido, habría querido morir!

Esa misma noche, mamá estaba trabajando y decidí ir a trabajar toda la noche. con ella. Me había llevado con ella porque no quería estar sola y se sentiría segura.

Me sentí aliviada de estar de vuelta y pasé una noche en el hospital en el departamento donde ella trabajaba y la noche transcurrió bien. Por la mañana temprano el domingo, había tomado la decisión de volver a vivir con mamá. Mirando hacia atrás, creo que mamá   había sufrido que yo no viviera con ella y de alguna manera, probablemente estaba feliz de que yo regresara al apartamento. Sin embargo, en ese momento, realmente regresé con mi madre por falta de otra alternativa. Incluso había empezado a revisar los anuncios clasificados en busca de una familia anfitriona, que probablemente me daría la bienvenida.

Sin embargo, un día duro, al día siguiente, me esperaba. Tuve que volver a casa de mi padre para recoger mis cosas de la escuela, joyas y ropa.

Temí este enfrentamiento sabiendo que "Ella" era cruel y sobretodo que "Ella" podía ser muy violenta. Eso es lo que fue "Ella". Cuando toqué el timbre, "Ella" me abrió la puerta y me arrastró hacia adentro antes de darle un golpe en la nariz a mamá, que había venido conmigo.

"Ella", me empujó hacia la habitación del apartamento y me golpeó sin piedad. "Me golpeó tan fuerte que me sangraba la nariz y me dolía todo el cuerpo.

Me tiró a la cara la mochila de la escuela, pero se negó a devolverme mis joyas, incluyendo mi pulsera de comunión, mis pendientes, mi dinero en mi alcancía, mi ropa y mis diarios, que tiró a la basura. Mi padre había presenciado la escena y permaneció ausente ante la agresividad de esa persona.

Por supuesto, no había regresado a la casa de mi madre por gran envidia, pero quería dejar esta vida y a este padre que había sido cobarde y había visto en silencio como siempre, a esa mujer destruirme.

A menudo he llorado en casa de "Ella" y le había dicho que "Ella" me agobiaba demasiado y me deprimía. Mis estados de ánimo nunca parecían impresionarla demasiado, al contrario, la enojaban más. Sin duda no podía " Ella "sencillamente entender que uno no podía sentirse a gusto en su casa. A menudo llamaba a este apartamento: "Mi jaula de oro". Y pues, sus hijos habían asistido a toda la escena.

Pero de inmediato tenía que intentar reconstruirme emocionalmente, psicológicamente, pero sobretodo, no tenía más ropa que ponerme y en la emergencia mamá tuvo que comprarme algunos vestidos y blusas. El lunes volví al instituto. Todo había cambiado para mí. Se lo había contado todo a mis amigas, que seguían aceptándome como era, con mis problemas. Puedo decir que tuve la suerte de tener unas hermosas novias. Pero estaba destruida por dentro.

El primer año terminó bastante mal, porque mis notas habían bajado de nuevo.

La cuchilla cayó: repitiendo la primera. Me eché a llorar pero no encontré consuelo en mi madre. Mamá se había distanciado mucho de mí porque no había vivido con ella durante un año y medio y no teníamos confianza. Sin embargo, no acepté esta idea de repetir este segundo de bachillerato sólo porque mi nivel académico no era suficiente, luego porque mis profesores estimaban que no trabajaba o suficiente que era perezosa.

¿Sabían que yo sufría y que sentía un malestar? ¿Entendían que era una llamada de atención?

Yo creo que no.

En ese momento hubo un examen de recuperación y para aquellos que no aceptaron el veredicto de doblar, podrían intentar hacer el examen de repaso, las posibilidades de conseguirlo eran muy escasas.

En este caso, el examen se planteaba sobre

varios temas: francés, geografía e idiomas

extranjeros.

Cuando estaba pasando el examen, inmediatamente tuve la sensación de que lo conseguiría. "Lo quería y lo conseguiré". Era un hermoso día soleado aquel día del examen.

Los resultados cayeron muy rápido: 4 de cada 200 personas fueron recibidas. Yo era una de cuatro personas. Esto probó, y contrariamente a lo que siempre había oído, que podía aferrarme, estudiar y triunfar.

Y afortunadamente porque este año 1982 / 1983 será muy positivo para mí. Es precisamente durante este último año que voy a hacer los más hermosos encuentros. Primero, el de Catherine en el instituto, pero también fuera, la de mi corresponsal español. Y entonces encontraré de cara a cara a mi amigo por correspondencia español Pere y experimentaré un nuevo sentimiento para mí: el sentimiento de amor.

"20 años en búsqueda de una historia paternal"

1982/1983

Mis mejores años

Retrocede en el tiempo. Desde el segundo año, empecé a escribir con una chica española. En Montserrat, vino del norte de Cataluña, de los Pirineos.

Mantenía correspondencia con ella desde 1980 con una periodicidad aproximada de una carta al mes. Nos habíamos acercado mucho y ella sabía un poco de mi vida.

Estaba tan ansiosa por conocerla, segura de que nos apreciaríamos de inmediato y que nos haríamos muy buenas amigas. Mi amiga por correspondencia era una linda chica rubia de ojos azules, soñaba con ser profesora, profesora de catalán, la lengua que hablaba en casa. Hablamos de nuestras vidas y de nuestras decepciones amorosas. Ella no tenía novio, y yo tampoco. Estaba muy apegada a sus padres. Me encantaba recibir sus cartas y escribir en el idioma de Cervantes. Sin embargo, también quería un amigo por correspondencia. Mi compañera de clase Frédérique ya se había comunicado recientemente con Pere, un español cuyo dirección había recibido de parte de mi amiga Montse. Este corresponsal sabía de mi existencia a través de ella.

Él era el que quería mantener correspondencia conmigo. Así que no se sorprendió con mi deseo de mantener correspondencia con él.

Así que le envié una primera carta en el verano de 1982 acompañada de una foto mía. Había sido fotografiada por un fotógrafo profesional unas semanas antes y debo admitir que estas fotos eran realmente muy bonitas, aunque en ese momento me veía a mí misma muy fea.

Recibí su primera carta en el verano de 1982. Se presentó, me enseñó a su familia y me adjuntó algunas fotos de su región, muchas postales de su pueblo de Olot y una foto de él. Cuando lo vi, tuve un flechazo por él. En primer lugar, era exactamente lo que me gustaba: un hombre alto, moreno, guapo, ojos morados y tipo latino. A partir de ese día tuve la sensación de que nos encontraríamos muy rápidamente y que también teníamos que hacerlo. Empezamos a mantener correspondencia regularmente, como   con

Montse e incluso a llamarnos muy a menudo. No podía explicar el sentimiento que me ganaba pero estaba lo suficientemente lúcida como para pensar que en realidad era sobre todo un corresponsal al que quizás estaba idealizando. Sin embargo, cada vez que hablábamos por teléfono en francés y en español, me transportaba su voz. Tenía una voz cálida y agradable. También hablaba por teléfono con sus padres. Su madre parecía muy agradable y su padre tenía una voz muy suave, como su hijo.

Inmediatamente me sentí muy cercana de su padre que representaba en mis ojos al padre atento y muy sonriente. También me gustaba hablar por teléfono con Pere.

Nos reíamos a carcajadas, a menudo por el hecho de cometer errores en nuestros idiomas mutuos.

Me sentía cercana de él y fue una locura porque siempre estaba esperando por esos sábados por la noche cuando hablábamos por teléfono. Soñaba e imaginaba que finalmente lo conocería... ¡Estuvo hecho!

Para la Navidad de 1982/1983, me invitó a pasar las fiestas en su casa. Mamá no tenía mucho dinero, pero en aquella época mamá me pagó el billete de tren de París a Gerona. Tenía que pasar todas las vacaciones de Navidad en su casa del 23 de diciembre al 2 de enero, fecha de mi regreso a casa.

Nunca había ido a España antes y sin embargo sólo quería eso. Estaba emocionada por conocerle y pasar muy buenos momentos en un país que no conocía. ¿Fue la idea de conocerle o el deseo de ir a aquel país lo que fue más fuerte? Creo que fue una mezcla de los dos, especialmente porque me encantaba el idioma castellano.

Y pues, también iba a conocer a Montse y a su familia, porque aunque no podía alojarme, iba a pasar la mayor parte mis días con ella. El 22 de diciembre de 1982, después de muchas aventuras por París en busca de la estación de Austerlitz, en medio de la noche, subía al tren que me llevaba a España para conocer gente que sólo conocía por escrito y un país que cambiaría mi vida.

España fue el comienzo de una maravillosa aventura. Después de una noche en el tren, crucé la frontera franco-española muy

temprano por la mañana, para llegar a Girona alrededor de las 11.00 no sin algunas increíbles aventuras de las cuales "El tren estaba a punto de entrar en la estación de Girona y había comprobado con otros pasajeros que era la estación correcta. Los pasajeros me dijeron que cuando el tren se detuviese de nuevo, tenía que bajarme.

¡Eso es lo que hice! Desafortunadamente el tren simplemente se había detenido porque el semáforo estaba en rojo. Me salí a las vías. Lo que me sorprende es que en ese momento las puertas del tren se abrían sin ningún mecanismo de bloqueo. Me encontré en las vías y me dirigía hacia un puente. Un hombre, que había observado la escena desde lejos, me guio hasta un puente. Me explicó, gritando desde su ventana, que tenía que ir hacia un puesto de la Guardia Civil. Encontré este puente unos cientos de metros más allá, tiré mi maleta y salté encima de esta para amortiguar mi caída.

Al llegar a la carretera, me dirigí hacia el puesto de policía de la "Guardia civil". Intenté explicar mi desventura al hombre que estaba delante de la entrada del edificio, pidiéndole que me llamara un taxi que me permitiera llegar a la estación de Girona lo más rápido posible. Mis amigos tenían que esperarme sobre las 11:00 y ya eran las 11:30".

Cuando llegué a la estación, afortunadamente todavía me estaban esperando. A él, lo reconocí vagamente. Me estaba esperando con sus padres y sobretodo con una chica a su lado. Recuerdo que no reconocí a Montse, rubia y rizada porque tenía una foto de una morena con el pelo liso. Así que me imaginé que era su novia.

Con sus zapatillas viejas, su pelo despeinado y su aspecto un poco anticuado, me decepcionó Pere.

Pero llegué a un país desconocido para mí, hacía buen tiempo, no había nieve y un sol brillante deslumbraba mi rostro. A lo largo de todo el viaje que me llevó de Gerona a Olot, observé este magnífico paisaje y había un sol radiante, todo para apreciar esta tierra desconocida para mí. Había descubierto un paraíso en la tierra.

Cuando llegué a casa de Pere, sin embargo, me sentí inmediatamente como en casa. Me sentí en perfecta armonía e integrada a su

familia. Hay que decir que sus padres inmediatamente me dieron confidencia. Yo, que no conocía la calidez de la familia, así que inmediatamente me sentí "en casa". Sus padres pasaban el día conmigo y me hacían visitar todos los sitios bonitos de su pequeño pueblo. Pero la mayor parte del día, lo pasaba con Montse. Sus padres eran también muy cálidos. Me habían adoptado enseguida y pasaba gran parte de mis tardes con su familia, pero sobre todo los almuerzos tenían lugar en casa de ella.

Por la noche salimos en pequeño grupo, especialmente con las amigas de ella y después de nuestras salidas, me iba a casa de él por la noche.

Salir con Pere y sus amigos era muy agradable y con sus padres me sentía en confianza. Me enamoré de su familia y de su país. A menudo le confiaba a su madre, mi falta de presencia paterna. Hemos, en aquella época, hablado mucho de ese tema, su madre era muy abierta y su padre tan jovial....

Con mi amiga, hablaba menos de ese tema, pero también me sentía bien en su familia.

La Nochebuena de 1982 que pasé con su familia fue inolvidable, intercambiamos muchos regalos. Él y yo éramos grandes amigos, nada más para mí. No había quedado con mi decepción a mi llegada entre la imagen que había imaginado y la persona que finalmente había conocido. Al contrario, le tenía mucha simpatía y cariño.

Era mi amigo y no me había imaginado ni por un momento desarrollar sentimientos tan fuertes por él. En Nochevieja, cuando Montse también me había pedido que celebrara la Nochevieja con ella, fue a él y a sus amigos con quienes salir a divertirme. Fuimos con él a un pequeño pueblo portuario, "Sant-Pere Pescador".

Como ya tenía 18 años, ya tenía carnet de conducir. Sus amigos eran todos muy amables y bromeaban mucho sobre mi acento, pero fue muy divertido y me sentía bien.

Sus amigos eran muy adorables y me integraron de inmediato.

Yo, que era muy graciosa por naturaleza y siempre llena de vida, ¿quién hubiera pensado que era una persona devorada por tales carencias? Una carencia que me roía, un padre, este padre ausente, este padre

simplemente.
Ya no tenía contacto con mi padre y él no buscaba contacto. Estaba en medio de una crisis de odio, una crisis de búsqueda de mí

Ausente

misma, una crisis de chicas adolescentes en falta de algo.

En realidad, mi padre era débil y cobarde. Él nos había abandonado los últimos años, yo había vivido con él, y sin embargo él había estado fuera. Nunca un beso, nunca un abrazo, nunca un "te quiero".

Mi vida de adolescente transcurrió sin afecto y busqué ese cariño, lo encontré con la familia de Pere, de hecho, con las otras familias, excepto la mía.

Incluso el 31 de diciembre, después de terminar nuestra noche de borrachera, me sentí repentinamente transportada por un sentimiento nuevo, que había estado rechazando desde mi llegada aquí en

España: el de simplemente enamorarme sin saberlo, enamorarme sin quererlo de mi amigo español. Sin embargo, no pude encontrar las palabras para decirle lo que sentía por él, ni entonces, ni más tarde, ni siquiera después de habernos besado.

Después de llorar mucho por volver a coger el tren el día después del Año Nuevo, entonces sabía que mi vida sería diferente. Me había enamorado de España y sabía que quería volver muy pronto. También sabía que probablemente me haría daño como mi padre, así que reprimí mis sentimientos y todo volvió a la normalidad.

Tenía que volver a ver Montse en el verano de 1983. Habíamos acordado que fuera a pasar las vacaciones de verano con nosotros y nos fuéramos de vacaciones a la Vendée.

Después de volver a la escuela, mis notas habían mejorado mucho.

Fue en febrero cuando recibí una carta de Pere en la que me contaba sus sentimientos. Le dije por teléfono que tenía sentimientos tan profundos como él, pero que me era imposible encariñarme con él simplemente porque tenía miedo de querer.

Pensé que no podía merecer ese sentimiento. Y luego, venía de una familia intacta, era un chico sin problemas, un chico que no podía amarme, no de la manera exclusiva que yo quería.

Me reprochó por haberle dejado por otra

persona y durante años nunca supo si me quería o no.

Nuestros caracteres eran diametralmente opuestos, de hecho por nuestras diferencias familiares y porque yo estaba en busca de cariño y él en busca de una novia y por qué no del amor. Le dije que lo amaba, pero inmediatamente reprimí esos sentimientos incipientes; sin embargo, sufría porque me había enamorado de él... Después de él, me involucré en muchas relaciones sentimentales, que no me trajeron más que breves momentos de abrazos, nada más.

Eric, Frank, Steve, Xavier: todos tenían en común que yo no sentía nada por ellos.

Mientras tanto, Pere tenía una nueva novia y, sin embargo, cada vez que nos encontrábamos en España, durante mis visitas a Montse (y hubo algunas y estas reuniones siempre fueron inolvidables), lo encontraba.

Sin embargo, la última vez que lo vi fue en 1988, después de que me volvió a contar sus sentimientos, también fue la última vez. Mirando hacia atrás, sé que esta incomodidad vino de mí. Provocaba inconscientemente esas rupturas sucesivas porque al final no quería relaciónes sentimentales y paradójicamente tampoco con él, porque lo quería.

A partir de entonces, seguí teniendo muchas relaciones sentimentales con un objetivo: no sufrir más, protegerme emocionalmente y no buscar el amor y mi plan funcionó bien.

De todos modos, no merecía esos amores porque no merecía ser amada, de lo contrario mi padre se habría quedado con nosotros.

El subconsciente es extraño, se castiga por actos que no cometió, me prohibía la felicidad, así que me castigaba.

Ausente

1983

"20 años en búsqueda de una historia paternal"

Ausente

El año del Bachillerato

El año 1983 es el año en el que "Ella" dio a luz a su cuarto hijo con mi padre, que aún era mi hija.

Estaba de vacaciones en la Vendée con Montse y mi familia.

Fue la primera vez que invitaba a una amiga a mi casa. Había venido a pasar el verano conmigo a la Vendée y fue allí donde volví a ver a Estelle, con la que no me había visto desde hacía dos años, pero con la que había permanecido en contacto.

En 1983, también obtuve mi bachillerato con buenas notas en idiomas, y aunque mi sueño era viajar a muchos países o estudiar periodismo, también sabía que no teníamos los recursos financieros para enviarme a una escuela privada y de buena reputación, y tuve que quedarme en Valenciennes.

Así que fue un poco por despecho que fui a la universidad a estudiar derecho. ¿Estudios de derecho? Simplemente porque en ese campo, tenemos una cierta salida al mercado laboral, pensé. Mirando hacia atrás, y aunque sé que fue una mala decisión, también fue una decisión que asumo en una universidad donde no obstante la pasé bien.

Me sentí orgullosa de ir a la universidad por primera vez. Mi amiga Montse también se matriculó en la Universidad de Girona para iniciar sus estudios de literatura. Como yo era menor de edad, cuando me matriculé en la universidad, fue mi madre la que vino conmigo a firmar.

Mis dos primeros años de universidad me permitieron conocer a muchos amigos, ir a clubes y continuar mi acumulación de coqueteos pasajeros, sin olvidar que sólo uno ocupaba mis pensamientos...: Pere.

Fue en ese momento que nos mudamos de nuestro apartamento porque mamá por fin había comprado su casa. Un día, al azar, me encontré cara a cara con "Ella". En realidad, había estado siguiéndome durante un tiempo.

"Ella estaba en una motocicleta y parecía feliz de verme de nuevo, yo no la había visto por más de un año. "Ella se sorprendió especialmente al ver que me iba bien y que tenía un look muy moderno.

"Ella" me pidió que parara y me preguntó si quería salir a tomar algo con "Ella". Fuimos a un bar. Empezamos a hablar de mi padre y "Ella" me dijo que "Ella" seguía con él pero que "Ella" ya no lo quería. Nos volvimos a encontrar unas semanas después y me devolvió todas las joyas que me pertenecían.

Hemos tenido algunas reuniones regulares en secreto en las espaldas de todos. Y poco a poco, estaba reconectándome con ella. Poco a poco, la volví a ver en ausencia de mi padre, con quien no tenía más que desprecio y odio.

Quería quedarse en casa de "Ella" sólo para no estar en la calle. "Ella" me habló de su relación secreta con un hombre casado del que "Ella" estaba locamente enamorada.

"Ella" quería echar a mi padre de la casa, pero él no quiso, obviamente. "Ella" no era para nada estable y "Ella" entraba en unas cóleras que ya le conocía.

Ausente

1983-1984

"20 años en búsqueda de una historia paternal"

Los años de universidad

Elle se confiaba cada vez más y siempre se quejaba de mi padre, olvidando que yo seguía siendo su hija. Aunque realmente no quería mantener un contacto más cercano. No había pasado la etapa del divorcio y no me había hecho a la idea que se habian separado por completo, ni siquiera casi 10 años después, y esta palabra seguía resonando en mí como una fatalidad. Siempre estaba buscando un padre y a menudo me encariñaba con los padres de mis amigas, y por suerte tenía muy buenas amigas. Tenía novios pasajeros, nada más. A esos hombres los odiaba, eran "cabrones" de todos modos y me aprovechaba de ellos especialmente cuando no me amaban y a aquellos que trataban de crear lazos conmigo, respondía con total indiferencia o hacía todo lo posible para repelerlos. "Ella" estaba embarazada de nuevo por quinta vez. El bebé nació en abril de 1985 y murió después de 54 días de muerte súbita. A partir de ese momento, "Ella" entró en una profunda depresión, volviéndose aún más violenta hasta el punto de pegar a sus propios hijos. Y fue un día en que "Ella" era aún más alcoholizada de lo habitual que "Ella" hizo un intento de suicidio en el que "Ella" entró deliberadamente en una pared de hormigón. "Ella" se encontró en el hospital con su hija menor, mi media hermana, entonces de 2 años, con el cráneo fracturado y la pierna rota. "Ella" sólo tenía una pequeña herida en la frente que requería unos pocos puntos. Es a partir de este momento que "Ella" echó definitivamente a nuestro padre de su vida y que él buscó acercarse a nuestra madre. Una noche, llamó a la puerta de nuestra casa, le pidió a mi madre que lo hospedara en casa una noche. Esa noche estaba tan borracho que empezó a golpearse la cabeza contra la pared del baño. ¿Cómo se puede tener una alta autoestima de sí mismo cuando uno crece con padres desequilibrados? ¿Cómo puedes vivir una vida equilibrada si la infancia no te ha dado las raíces para ser estable? Tenemos que encontrarlas. Esa noche le preguntó a mi madre si estaba lista para llevarle de regreso y comenzar una nueva vida con él, pero que podía dormir en casa por la noche. Mamá tuvo el espíritu de responder que ya no le quería. En aquel momento, mamá todavía estaba en una relación con su hombre casado, pero ella estaba a punto de separarse de él y la presencia de nuestro padre en nuestra casa fue el detonante de su ruptura.

En cuanto a nuestro padre, pasó la noche en nuestra casa deseando que fuera la única vez y que no volviera. A la mañana siguiente, mientras me preparaba para ir a la universidad, me dijo que quería acompañarme, al menos hasta la puerta de la universidad. Eso fue lo que hizo... Nunca lo volví a ver. También este año corté definitivamente los lazos con "Ella" y sus cuatro hijos (mis medio hermanos y hermanas). Fue también en aquella época cuando empecé a reescribir mi diario y a escribir muchos poemas.

También fue una época en la que empecé a reírme mucho de nuevo y fui muy feliz en la universidad y muy apreciada de todos.

Me encantó esa época en la universidad. Tenía muchos amigos allí e incluso muy buenos amigos y salía regularmente.

Estaba más cerca de mi hermano mayor que me confió sus problemas, en particular el de acercarme a las niñas. También buscó ser amado. Estaba buscando una novia y tenía mucho dolor. Buscaba puntos de referencia, también buscaba una identidad. Empezó a buscar un padre.

Mi hermana menor estaba multiplicando los malos encuentros y los pequeños delitos, pero ¿fue culpa suya? Ella no tenía ningún contacto con nuestro padre, no lo conocía después de todo. Pero en realidad, recuerdo a una hermana que sufría, lloraba y dormía en la misma habitación que mi madre. A menudo, dormía en el pasillo de mi habitación por la noche cuando estábamos solos en casa, porque mamá trabajaba por la noche. Se sentía abandonada... Estaba abandonado. Mientras tanto, cuando mi madre salió con una de sus amigas, conoció al hombre que sigue siendo su compañero, casi 30 años después.

Cuando mamá lo conoció, su cara se iluminó inmediatamente. Me gustó enseguida porque era bueno. Parecía serio y especialmente muy apegado a mamá.

Antes que todo.... vuelta atrás al 1984.

Ausente

1984

La mudanza y los reencuentros

El día de nuestra mudanza, el 24 de febrero de 1984, nos trasladamos a Valenciennes. La universidad no estaba lejos de casa y podía ir allí a pie. El vecindario estaba bien frecuentado en ese momento y sin embargo había mucho trabajo en nuestra nueva casa.

Sin embargo, fue agradable llegar a casa de la universidad a la hora del almuerzo y pensar que podíamos comer en casa. Mamá estaba orgullosa de haber comprado su casa "completamente sola" como ella dijo y nosotros íbamos a vivir en la casa otra vez. La casa tenía que ser reformada y los trabajos comenzaron muy rápidamente. Al principio mi hermano mayor estaba en la sala de estar. Mi hermano menor y yo nos quedamos arriba y mi hermana y mi madre en la otra habitación, esperando que las dos habitaciones del ático se convirtieran. Estas dos habitaciones serían asignadas a mi hermano mayor y a mí. Mi hermano menor tendría la habitación grande con vistas a la calle, mi madre y mi hermana compartirían la habitación con vistas a la terraza y por lo tanto al jardín. Mirando hacia atrás, ¿era normal que mi hermana menor no tuviera una habitación y que mi madre la compartiera con ella? Una madre, ¿no tiene derecho a la privacidad? Sobretodo desde que mi hermano menor en ese momento era un huésped afuera y sólo venía a casa los fines de semana. Debería haber tenido una habitación de paso. Y más de dos años después, fue mi hermano mayor quien se consiguió un apartamento en la ciudad, porque ya no se llevaba bien con mi hermana menor, quien, hay que decirlo, le hacía la vida muy difícil. Los trabajos de electricidad, gas, agua, tabiques, ventanas a cambiar tardaron varias semanas. Y fue a principios de mayo cuando finalmente me mudé a la habitación del ático que había empapelado y repintado con mi madre. Inmediatamente me sentí muy cómoda en esta habitación. Fue el de mis recuerdos, mis lágrimas y mis alegrías. El verano había sido particularmente difícil ya que había suspendido los exámenes de primer año y había pasado todo el mes de agosto estudiando para los exámenes de recuperación de septiembre. Sin embargo, en julio, regresé a España por un mes completo. Tomé la línea internacional de

autobús "Eurolines" directamente desde
Valenciennes por la tarde para llegar a la
estación de Girona donde Montse me
esperaba a la mañana siguiente. Vino con su
padre a recogerme directamente a la
estación. Era feliz y me olvidaba de todo,
sabía que este país tenía ondas positivas en
mí y sabía que encontraría a la gente que
quería allí. Mientras tanto, había tratado de
olvidar a Pere sabiendo muy bien que había
reprimido mis sentimientos por él. Fue
durante una salida a un club que volví a ver
a Pere. Mientras tanto, él había cortado con
su novia y estaba solo otra vez, yo volví a
tener un romance efímero con un italiano
llamado Eric, al que tenía la intención de
"dejar" tan pronto como volviera de
vacaciones. Sin embargo, a pesar de que
tenía fuertes sentimientos por él, sabía que
una relación era imposible entre nosotros y
luego, como él me había dicho, "me has
rechazado", lo había alejado por otra
persona, lo que por supuesto no era verdad.
Así que ambos nos quedamos con un
sentimiento erróneo. Y aunque no estaba
apegada a nadie, no quería tener aventuras
con varios hombres al mismo tiempo. Una
cosa era cierta: simplemente no podía
quererlo porque estaba buscando un padre
que me quisiera. Estaba buscando una novia.
Sin embargo, sentía algo muy sincero por él.

Nos reuníamos regularmente en Olot, donde mi amigo seguía viviendo. Pocos días después de llegar a Olot, Montse y yo salimos hacia Pals, un precioso pueblecito medieval, para pasar cuatro semanas en casa de su tío. Su tío era sacerdote del pueblo de Pals y vivíamos en la rectoría. Su casa era espaciosa y luminosa. Su tío era muy amable. Pasamos largos momentos con él y realmente disfrutamos nuestras noches con él. Cuando tuvo tiempo, nos llevó a visitar la región y fue gracias a él que descubrí por primera vez Barcelona, esa ciudad mágica que nunca duerme. En aquel momento Barcelona estaba mucho más tranquila que ahora, pero esta ciudad estaba llena de encantos e inmediatamente caí bajo el hechizo. Recuerdo especialmente las largas conversaciones con Montse y su vida en Cataluña, su lengua materna, la que hablaba, pero también nuestra incomprensión de ambas porque ella no entendía por qué no aceptaba que no hablara español con todo el mundo, y yo había venido a España a hablar español y me sentía apartada de todos. Todavía sigue siendo un tema de discusión que me une y me desune a los catalanes, incluso 30 años después y a pesar de mi dominio de la lengua catalana. He evolucionado mucho gracias a mis muchas estancias en el extranjero y mi vida fuera de mi país en este sentido, y ellos, se han quedado en su país y se quedan un poco lejos de las realidades a veces muy diferentes de la vida. Pase cuatro semanas fantásticas y fue también a partir de aquel momento que supe que era adicta a este país y que tenía que volver. Cuando llegué a casa, pasé el verano preparándome para mis exámenes de repaso. No aprobé esos exámenes y finalmente repetí mi primer año de DEUG.

Curiosamente, esa repetición de curso fue beneficiosa para mí porque me permitió entrar en contacto con nuevos estudiantes. Hice nuevos amigos muy rápidamente y casi inmediatamente me enamoré de un chico que se había convertido en un muy buen amigo. Desafortunadamente, él no compartía mis sentimientos y yo nunca confesé lo que sentía por él. También tuve "novios del tránsito" como yo los llamaba, incluyendo a ese italiano que estaba loco por mí pero que me repugnaba profundamente. Con su pinta de chico viejo, sus pantalones demasiado anchos y su corbata demasiado ajustada, lo imaginé en una vida bien establecida y relajado y sin embargo se sintió muy atraído por mí. ¿Qué podría haber encontrado bueno para mí? Pensé que era fea, pero estaba muy delgada y muchos chicos pensaban que era bonita... pero tenía una mala imagen de mí misma. Este año la he vuelto a ver, "Ella". "Ella" que me había hecho mucho daño. "Ella" había reaparecido en secreto y me dijo que "Ella" se arrepentía de todo y que "Ella" quería volver a ponerse en contacto conmigo. Inicialmente quería que nos viéramos en secreto porque "Ella" dijo que mi padre no quería volver a vernos. Al menos se estaba escondiendo. Así pues, nuestras primeras reuniones se celebraron en varios cafés o a veces incluso en restaurantes.

Nuestras citas duraron de una a dos horas. Entonces y poco a poco, me hizo entrar en su casa las horas durante las cuales mi padre estaba ausente. "Ella" hizo construir una casa con él. Al principio vivían allí tranquilamente. El año 1985, sin embargo, tomará un nuevo giro en el momento del fracaso de mis exámenes una vez más y la muerte de Sandrine.

1985

Mis exámenes y la muerte de la peque

Estaba en el primer año de DEUG y el año iba mucho mejor. Sin embargo, yo estaba luchando en muchos frentes en casa. Mamá trabajaba de noche y volvía a casa por la mañana cuando íbamos a la universidad.

Cuando llegaba a casa para almorzar, preparaba el almuerzo para mi hermano mayor y mi hermana menor. Mi hermano menor estaba en la escuela de hostelería y volvía a casa los fines de semana.

Recuerdo a mi hermano mayor bajando las escaleras y diciendo con una mirada casi desapegada "¿Bueno, Qué comemos? ». Me repugnó profundamente y aun así me ponía a la labor.

Él esperaba a estar servido y yo le servía como mi madre había servido a mi padre.

Yo sufría de esta situación pero lo hacía para aliviar a mi madre y una vez de nuevo, estaba asumiendo el papel de mi madre. Limpiaba, ordenaba y cocinaba, limpiaba la cocina.

Cuando me quejaba a mi alrededor, especialmente a mis amigos, todos me decían "¡pero tú diles que no! Tenían razón, pero era fácil decirlo cuando uno no se siente culpable por la situación en la que estaba mi madre. Mis padres se divorciaron por mi culpa. Y yo era la hija mayor de la familia y por lo tanto la "madre de substitución". Recuerdo los sábados y especialmente los domingos cuando mamá trabajaba y yo preparaba las comidas.

Entonces, me escapé... y esta fuga a pesar de todo, la encontré con "Ella". Tuve una relación muy perversa con "Ella". Lo reconozco. "Ella", "Ella" me escuchaba, pero yo también. Con "Ella", también me escapaba de mi habitación, que también era mi refugio.

"Ella" siempre estaba dispuesta a complacerme, sin duda quería redimirse. "Ella" también pagó por mi licencia de conducir.

Las clases tenían lugar los martes por la noche y "Ella" me dejaba en la autoescuela y me llevaba a casa. Durante meses, escondí esta relación con "Ella" de toda la familia y luego, poco a poco, volví a hablar de ello y un día incluso fui a su casa y me encontré cara a cara con mi padre. Él, era frío y distante, casi arrogante.

Mientras tanto, "ella" acababa de decirme que "ella" ya no lo amaba, mi padre. Al contrario, "ella" incluso quería separarse de él, porque "ella" acababa de conocer al hombre de su vida, decía. Este hombre estaba casado, pero parece que se amaban mucho. Este hombre era realmente una persona muy agradable y también parecía preocuparse profundamente por esta relación. "Ella seguía teniendo una vida sexual muy activa con mi padre (según sus proprias palabras).

Era en aquella época cuando "Ella" tuvo relaciones con los dos hombres que "Ella" se encontró embarazada sin saber quién era el padre de ete niño no nacido.

En este tipo de relación muy poco saludable, este disgusto por los bebés se añadió en mi casa. Odiaba a los bebés y deseaba que cuando creciera nunca tuviera hijos e incluso que me operaran tan pronto como fuera posible.

Durante muchos años, odié la idea de estar

embarazada. Lo que me pareció muy feo. La imagen de la mujer era tan negativa para mí como la imagen del hombre. El embarazo me rechazó como la imagen más femenina de la mujer que no quería ser. Fue también en esta época cuando empecé a vestirme de manera muy masculina y a usar trajes.

Sandrine nació en abril de 1985. Era adorable y se parecía extrañamente a mi hermana. Había tenido a mi hermana en brazos durante mi infancia, sabía que "Ella" se parecía mucho a ella y, de hecho, muy pronto me encariñé con este precioso bebé... y, sin embargo, no sabía si "Ella" era mi hermana, aunque tuviera ese sentimiento.

Y entonces, "Ella", "Ella" estaba muy orgullosa de su pequeña, de su hijita que creía que era el hombre que "Ella" amaba. Este nacimiento aceleró ciertos eventos pseudo-trágicos. Mucho más tarde supe que esa niña era de mi padre. Una tarde "Ella" tiró las pertenencias de mi padre de su casa", ordenándole que abandonara su casa de inmediato. Esa misma noche, llamaron a nuestra puerta y cuando mi madre abrió estaba allí, mi padre frente a

nosotros que vino a buscar refugio con mi

madre. Había bebido mucho y apenas le sujetaban sus piernas. Le había preguntado a mi madre si podía alojarlo unos días. De hecho, se estaba ofreciendo a volver a casa. Esa noche, mi madre no rechazó su presencia, pero comprendió que ya no lo amaba en absoluto. Además, como había consumido, no sabía realmente lo que decía.

Sin embargo, recuerdo que cenó con nosotros y se golpeó la cabeza contra la pared del baño, diciéndose a sí mismo que era un perdedor y que no merecía ser querido. Mi padre rara vez era violento, mucho menos con los demás, pero era muy violento consigo mismo.

Esa noche compartió la cama de mi hermana y mi madre se fue a trabajar dejándonos solos con finalmente este padre desconocido.

A la mañana siguiente, después de lavarse y de haber despejado todo el alcohol que había bebido el día anterior, se preparó para irse a la casa de sus padres, quienes finalmente accedieron a alojarlo por unos días. Mientras me preparaba para ir a la Universidad para tomar las últimas clases antes de los exámenes, decidió que quería ir conmigo. Sin mucho entusiasmo por mi parte, me acompañó a la facultad, sin duda por orgullo de ver a su hija pasar por las puertas de la universidad, mientras que muchos años antes siempre había sostenido que yo no haría nada bueno en la vida y que de todos modos, no era demasiado importante porque me casaría con un hombre bien dotado económicamente.

Si él hubiera sabido en ese momento que yo estaba enamorada de un español que ya había terminado el bachillerato y trabajaba, que yo lo quería así sin que él hubiera estudiado, y que todos los demás amigos en una buena situación personal que me amaban no significaban nada para mí! ¡Si hubiera sabido que yo tenía ambiciones! Si hubiera sabido que mi vida estaba fuera de Francia y fuera de estas fronteras! ¡Sabía que un día me iría!

Cuando me dejó en la universidad, me avergoncé tanto de presentarle y me alejé de él. Me dio un beso y esa fue la última vez que lo volví a ver... bueno, casi. Con el tiempo, desarrollé un verdadero odio hacia él y a menudo recuerdo lo que dije: "Si muere delante de mí, lo dejo morir e incluso lo atropello con el coche".

Durante años deseé que lo despojaran de sus

derechos paternales, también pregunté y me enfurecí al saber que era casi imposible conseguirlo.

En mayo de 1985, la niña fue bautizada en un hermoso día soleado. Fue durante su bautismo cuando estalló una gran discusión entre "Ella" y la esposa del hombre de su vida. La mujer había comprendido claramente que su marido tenía un romance con "Ella" y que esta niña era quizás el fruto de su unión.

El 28 de mayo de 1985, salí por la mañana fresquita para pasar mis exámenes de derecho civil. Después de las pruebas y de camino a casa después del examen, quise llamarla para escuchar a la niña y verla en casa. Y fue mientras sollozaba que "Ella" me contestó por teléfono. "Ya no podía hablar conmigo y le pasó el auricular a su compañera. Él fue quien me dijo que Sandrine estaba muerta. Había muerto de lo que entonces se llamaba "muerte súbita".

Al día siguiente me pasé un examen de derecho civil y no pude evitar llorar.

Sandrine vivió 54 días. Fue enterrada el día de mis exámenes orales.

Los últimos meses habían sido muy

perturbadores y cuando fui a buscar los resultados de mis exámenes el 29 de junio de 1985, me aplazaron hasta la 1.25 más cercana.

Cuando llegué a casa llorando, también recuerdo la reacción de mi madre, que me impresionó mucho en ese momento.

Mamá nunca había sido muy demostrativa y sin embargo ese día me tomó en sus brazos y me cubrió con besos por toda la cara.

Recuerdo que cuando tenía 20 años, estaba profundamente disgustada por ello, y aunque mamá no pensaba nada malo, me repugnaba, porque ella nunca había mostrado tal oleada de ternura.

Sabía que tenía que pasar mis exámenes de nuevo en 1985 y fue una vez más a España que volví para recargar las pilas con mi amiga española y pasé como siempre momentos maravillosos con ella y sus amigos y para prepararme para los exámenes de septiembre con este tiempo, la rabia para tener éxito, a pesar de esta nueva prueba de la muerte.

Fue este año que entré en una relación con un asiático de Hong Kong: Steve . Lo

conocí en una discoteca y estuvimos juntos
por unas semanas. Parecía sinceramente muy
apegado a mí y había hecho muchos viajes
para quedar conmigo los fines de semana.
Sin embargo, no lo quería. Y después de 4
meses de relación con él, fui yo quien decidió
romper con él porque esta relación no me
había traído nada más que mejorar mi nivel
de inglés, porque él era nativo del inglés. A
menudo pensaba en terminar mi vida, tomar
pastillas, cerrar con la llave la puerta de mi
habitación y tragarme el tubo que había
traído a mi habitación.

Pero pensé especialmente en todos aquellos
que serían tristes sin mí, así que preferí llorar
sola en mi habitación y escribir mis deseos
de suicidio.

Qué dilema! Un padre que nos ha
abandonado, un sentimiento constante de
abandono. No me permitía querer ni
siquiera a quien quería. Era al parecer muy
bonita y sin embargo me odiaba a mí misma,
me encontraba excesivamente fea.

¿Cómo podemos sobrevivir a esta violencia
psicológica?

Mis amigas siempre me han unido a la vida.
En septiembre aprobé mis exámenes de
repaso y obtuve mi año de DEUG y luego

entré en mi segundo año de la escuela de derecho. No había visto a mi padre desde hacía al menos un año. Sin embargo, todavía estaba en contacto con "Elle". Esto no me hizo la vida más fácil, al contrario. Después de la muerte de su hija, "Ella" se había hundido en una depresión. El hombre de su vida, como decía "Ella", estaba muy presente y la quería a su manera, pero también creo que le tenía miedo. Temía sus reacciones violentas y no se atrevía a dejarla. Al menos eso es lo que pensaba. "Ella" había pagado por mi carnet de conducir, y con el auto incluyendo todas las reparaciones necesarias como estudiante, tenía poco dinero para mí. Sin embargo, esta nueva libertad para conducir un coche me permitió tener cierta movilidad.

Mi primera idea fue visitar a mi amiga de Laval. Acababa de conseguir el carnet y llamé a Estelle y le pregunté si podía ir a visitarla.

Salí a la mañana siguiente por las carreteras nacionales y llegué después de ocho horas de camino a casa. Pasé una semana en su casa y conocí al mejor amigo de su futuro esposo. Este amigo no era particularmente feo, tenía unos ojos azules preciosos pero no me atraía mucho. Durante una excursión con mi amiga Estelle, su futuro esposo y ese amigo de la pareja y como estaba sola, empecé una relación con él. Lo que yo no sabía es que no había tenido ninguna novia en toda su vida, y lo que él no sabía es que yo no sentía nada por él, sólo quería divertirme sin pensar en las consecuencias.

Además, cuando volví a casa en el norte, interrumpí inmediatamente la "pseudo-relación" que él consideraba sincera y reaccionó muy mal. Me llamó llorando, rogándome que me quedara con él e incluso amenazándome con tirarse contra una pared en un coche. A él le costó superar la ruptura y a mí no me importó. Sin embargo, mi estancia con mi amiga me había acercado mucho a ella y ella vino a visitarme unos meses después. Me encantaba mi pequeño coche porque era una manera de demostrarme que había llegado a una etapa más alta: distanciarme de mi madre, que nunca había pasado el examen de conducir y que podía ser más independiente. Sin embargo, esta nueva libertad me permitió visitarla más a menudo a "Ella". Y este año de DEUG habría sido casi perfecto si "Ella" no hubiera hecho otro intento de suicidio, porque "Ella" ya no podía estar embarazada desde la muerte de la pequeña. "Ella" hacía todo lo que podía para quedar embarazada e incluso llamaba a su novio a su oficina y le decía que era hora de unirse a ella porque era un buen momento para otro embarazo. Y con cada decepción, "Ella" volvía a sumergirse en un vaso de alcohol. Un día, cuando "Ella" estaba más borracha que de costumbre, "Ella" me llevó en coche a casa de mi madre y justo después de dejarme en la esquina de mi calle, se oyó un sonido de choque: era "Ella" que acababa de chocar contra un muro con mi media hermana de dos años. Sólo unos momentos más tarde me di cuenta de que era "Ella" la que acababa de ser trasladada al hospital. Mirando hacia atrás, debo haber tenido a una buena estrella cuidándome, desafortunadamente fue mi media hermana, entonces de 2 años, la que terminó con una pierna rota y una fractura abierta del cráneo . Estaba cansada de esta vida y tuve que dejar de verla y un día tomé el teléfono y le dije: "¡Se acabó, no quiero tener que tratar contigo nunca más! ».

También fue la última vez que la vi. En cierto modo estaba un poco triste, un poco como por el "síndrome de Estocolmo", el

prisionero que necesita a su secuestrador porque se ha creado un vínculo. Pero sobre todo, estaba triste por mi medio hermano menor, al que quería mucho, pero tenía que cortar los puentes definitivamente y "Ella" tenía que salir de mi vida y eso tenía que pasar por una ruptura rápida y definitiva.

A partir de ese momento, empecé a sentirme mucho mejor. Tenía amigos muy queridos, Patricia y Catherine y me iba a España por necesidad. Sabía que no me quedaría en el norte de Francia, sabía que mi vida estaba en el extranjero, pero tenía que curar mis males con palabras. He escrito estas palabras a menudo y mejor, porque me quedan muchos buenos escritos y muchos poemas. En 1986, algo maravilloso nos sucedió a todos. Habíamos forzado a mamá a que se fuera a disfrutar de su lado y ella había ido a bailar con uno de sus colegas. Como mamá había roto con el hombre que nunca había querido y eso después de 6 años, pensé que sería bueno para ella salir. Y fue durante esta noche cuando conoció al que se convertiría en su pareja. Este es una de las personas que más valoro en el mundo. Era un hombre con elegancia, era viudo desde hacía 5 años y fue inmediatamente que me pareció simpático. Mis hermanos tardaron más y mi hermana le tuvo miedo al principio. Trabajaba como agente en una fábrica, era muy educado y parecía muy apegado a mi madre. Inmediatamente ella cayó bajo su hechizo y su vida se transformó rápidamente. También fue muy rápido que decidieron irse de vacaciones con nosotros, para hacer una prueba. Antes de irme de vacaciones, pasé mis exámenes de segundo año de derecho DEUG. Pr los pelos aprobé mis exámenes, pero esta vez los aprobé, sin tener que presentarme en septiembre. Así que este año se anunciaba bien.

Mamá había conocido a alguien bueno y sobre todo libre y estaba haciendo girar el amor perfecto con él. Así que me fui de vacaciones con mi hermana y mi hermano menor, mi madre y él. Fuimos a las Landas, creo que fue el primer año que me sentí más serena. Había cortado mis lazos con mi padre, con "Ella", y pasé las vacaciones con el que se convertiría en nuestro padrastro. Además, fue ese último quien me enseñó a nadar. Mi padre nunca me enseñó a nadar y mi mamá no sabía nadar. Desde que era niña, le tenía miedo al agua. Recuerdo 1975 cuando estaba tomando clases de natación. Mi padre fue conmigo por única vez para ver cómo nadaba. Recuerdo aquella sesión

en la que el socorrista me tiró al agua para aprender a zambullirme en la piscina de 3,80 metros. Yo había llorado y mi padre se había reído de mí. Desde entonces, nunca he vuelto a poner un pie en una piscina tan profunda. Pasamos tres semanas en este bungaló y aunque aquel año, no tejí vínculos con otras personas de aquel pueblo de vacaciones, guardo felices recuerdos de los colores de esta zona, perfumes de pinos. También recuerdo nuestras salidas por Biarritz y nuestros paseos por Hossegor. Ese hombre, que mamá había estado viendo durante varios días, realmente me gustaba mucho. Era divertido, respetuoso con mamá y valiente para rodearse de niños como nosotros, tan perturbados. Mi hermano mayor había tenido grandes dificultades para aceptarlo, pero después de nuestro regreso de vacaciones, era obvio que la nueva pareja de mi madre había pasado la prueba.

Pocos días después de nuestro regreso de vacaciones, me enteré de la muerte de mi abuela materna. Tenía la enfermedad de Alzheimer y murió a los 70 años. Desde hacía varios años padecía esta enfermedad y, tras un accidente de tráfico, fue hospitalizada y murió como consecuencia de sus heridas.

"20 años en búsqueda de una historia paternal"

Ausente

1987

Catherine y Estelle

Desde el último año del instituto, había estado viendo a una chica muy agradable, Catherine. Estábamos muy unidas y compartíamos nuestros reveses tanto en el amor como en la escuela. Se había embarcado en el camino universitario y lingüístico y había estudiado español con la convicción de que se iría a vivir a ese país. Ella era de una familia muy unida pero tenía un padre bastante autoritario. Tenía poca confianza en sí misma e incluso una naturaleza jovial y sonriente, a menudo soñaba y especialmente con otros horizontes. Estaba tratando de escapar. Siempre me sorprendió porque estaba introvertida, sin embargo, ella era aún peor que yo. Sin embargo, sabía que esto el año se vería bien para mí. Primero, mi amiga de Laval se iba a casar y como yo era su madrina de boda, iría a Laval. Sabía que volvería a ver a este niño, pero le prometí a Estelle que no habría ningún problema porque él sería padrino de boda de Philippe y yo de Estelle.

Estelle y Philippe se casaron a principios de julio. Después de un lluvioso junio, hizo un sol radiante el Día D. Mamá se había ido de vacaciones a Bretaña con mi padrastro. Pasaron por Laval y me dejaron en casa de Estelle por unos días. Se suponía que me quedaría allí unos días, luego volvería a París con una de sus tías. Me quedaría un día en París y saldría al día siguiente hacia el norte, porque fue el mismo año que Catherine y yo decidimos pasar un mes entero en Rosas, España. Esa perspectiva de que ambas pasáramos nuestras vacaciones en este país nos encantaba tanto y aun más porque nos alojaríamos nos alojaríamos allí de forma gratuita. La boda de Estelle estuvo bien, la noche yo estaba en la mesa principal e incluso me hicieron subir al escenario para hacer algunas imitaciones políticas como solía hacerlas en ese momento. Era muy tímida, me costó mucho enfrentarme a ese público, pero aparentemente los invitados estaban encantados. A la tarde siguiente, me fui a París con los tíos de Estelle.

Fue una de las primeras veces que fui a París. Mis padres nunca habían viajado y habían salido muy poco de la provincia. Recuerdo a su tía enseñándome París. Tenían un piso en París, cerca de la Torre

Eiffel. A la mañana siguiente, fui a comer en la ciudad con su tía y me llevó de vuelta al tren hacia el norte. Cuando llegué a Valenciennes, estaba sola. Mi hermano mayor estaba en la mili, mi hermano menor en un hotel del sur de Francia de prácticas, mi madre, mi hermana y mi padrastro en Bretaña durante todo el mes. A la mañana siguiente me levanté temprano porque Catherine y yo teníamos que coger el autobús de Valenciennes a Girona. En Girona reservamos un coche y nos fuimos directamente a Rosas. Rosas es una bonita ciudad costera en la Costa Brava, muy popular entre los franceses. Fue allí donde el tío de Catherine compró un piso y es en este hermoso y amplio piso donde pasaríamos las vacaciones más hermosas de mi vida. ¡Si hubiera sabido que estas vacaciones tendrían consecuencias inesperadas! Llegamos a Gerona muy temprano por la mañana y fuimos a la agencia de viajes en cuanto llegamos. Catherine conducía el Opel Corsa directamente a Rosas. El clima era radiante y el piso era hermoso, espacioso con una vista espectacular al mar. Catherine y yo habíamos obtenido nuestras respectivas licencias y nos estábamos cuestionando mutuamente sobre que estudios escoger. Ella no sabía de qué camino ella quería tomar y yo sabía desde hacía varios meses que el derecho no era mi campo de predilección. Mi amor por los viajes no coincidía con el mundo del derecho, que en mi opinión era demasiado franco-francés. Buscaba una escapatoria y por ahora, esa escapatoria, la encontraba en España con mi amiga. Catherine y yo habíamos decidido ver a nuestros respectivos amigos y así fue como ella deseaba recibir a su familia de Nîmes durante su visita a Rosas e invitamos a mi amiga española a visitarnos en nuestro piso. También planeaba volver a ver a mi amigo español. Ya había advertido a mi amiga española que podía venir a visitarnos un fin de semana largo y llegó con su amiga, a la que no había visto desde entonces. Caminamos mucho, cocinamos juntos y nos reímos mucho. Debido a que Catherine también hablaba español con fluidez, no tuvimos problemas para entender el idioma. Hemos do muchos paseos, también en coche entre otros en Figueras, Girona y Barcelona. Nuestro viaje a Barcelona fue muy divertido porque Catherine estaba conduciendo y estaba en pánico. Escuchamos a los "Pet Shop Boys - It's a sin" en la radio y cada vez que los escucho, pienso en ese momento y en Catherine.

El domingo, Catherine y yo decidimos

invitar a los padres de Montse a cenar.
Recuerdo que cocinaba bourguignon de
ternera y judías verdes en manojos,
haciendo un simple plato principal de
tomates en cestas. Recuerdo la gran risa de
Catherine y aquella vez cuando el padre de
mi amiga Montse corrió de cabeza hacia las
puertas francesas del patio. La situación
distaba mucho de ser divertida para su padre,
pero Catherine y yo habíamos tenido
grandes dificultades para contener nuestras
risas, incluso mientras preparábamos la
comida. Luego los tíos y tías de Catherine
vinieron a visitarnos el fin de semana
siguiente.

Habían venido con sus familias. Los
alojamos el fin de semana en este hermoso y
amplio apartamento. Habían tres
habitaciones grandes y mucho espacio para
quedarse. Era cómodo, moderno y bien
equipado. En medio de nuestras vacaciones,
abandonamos nuestro proyecto de ir a
Andorra, porque el coche de alquiler se
había averiado y tuvimos que recurrir a otro
tipo de coche, más espacioso pero menos
fácil de aparcar en el pequeño aparcamiento
de nuestro apartamento y aún menos
práctico para las pequeñas carreteras de
montaña.

Por fin había hablado con los padres de Pere.

Ellos estaban contentos de encontrarme y yo quería visitarlos y presentarles a mi amiga. Me habían advertido que Pere no estaría allí, pero aunque un poco decepcionada, me alegré de volver a verlos. Una tarde, Catherine y yo nos fuimos a la ciudad natal de mi amigo español. Sus padres estaban encantados de recibirnos y de contarnos sus muchos viajes. Me hablaron mucho de su hijo y de los maravillosos recuerdos que tuvieron conmigo durante la Navidad de 1982. Ya habían pasado casi seis años. Cuántos años han pasado! Después de estos reencuentros, las muchas fotos que los padres habían mostrado de su hijo, Catherine sabía un poco más de mi historia.

Fue ella misma la que me dijo esa misma noche: "Dime, ¿no estarás todavía enamorada de él? Parece que realmente lo quieres". Ella me había leído la mente

Las vacaciones terminaron magníficamente y son recuerdos inolvidables que tengo de este período. Un tiempo en el que estoy bien, un tiempo en el que realmente buscaba el amor verdadero. Creo que me sentía lista para experimentar algo nuevo y luego me encantó España. Todas mis

amigas habían aprobado la licenciatura en el

primer intento, y yo me preparaba para ir a Lille en un año superior. Sabía que no era la carrera de derecho que iba a seguir. Había ido a la facultad de derecho internacional y al irme a Lille, pensé que definitivamente me estaba alejando de mi ciudad natal. Había alquilado una pequeña habitación de estudiante en el viejo centro de Lille. Me encantaba esta ciudad e ir a la universidad era divertido. Allí conocí a mucha gente interesante. Las clases no eran muy emocionantes, pero sabía que probablemente era mi último año. Fue este año cuando me di cuenta de que no quería seguir estudiando. No esperaba que mi madre me ayudara en mis elecciones, ella era incapaz de hacerlo, pero como yo sufría horriblemente en ese momento por la falta de padre, me dije a mí mismo que salir a estudiar en Lille y dejar Valenciennes podría ser beneficioso porque me estaba agobiando.

"20 años en búsqueda de una historia paternal"

Ausente

1988

"20 años en búsqueda de una historia paternal"

Ausente

Mi año de ruptura

Me había distanciado mucho de mi madre.
Simplemente porque sólo la veía los fines de
semana y la mayor parte del tiempo yo salía
los fines de semana con mi amiga Catherine.
Algunos fines de semana, no volvía y sobre
todo hacia el final de mi último año de
universidad, me quedaba en Lille para
preparar los exámenes o para seguir cierta
formación.

Sin embargo, a principios de este año 1988
había comenzado bien. En febrero, época de
San Valentín, recibí una hermosa carta de
Pere que a su vez me reveló de nuevo sus
sentimientos. Me confesó que aún me quería
y eso después de 6 años. Y es lo que dio
magia a esta tan particular "relación" entre él
y yo. Quería tenerme cerca y tenía prisa por
volver a verme. Después de un intercambio
de cartas, decidí visitarlo en Gerona en
octubre.

Había vendido mi coche para comprar un
billete de autobús y había reservado una

habitación de hotel en un pequeño hotel individual. Se ubicaba en el bello casco antiguo de Girona. Había acordado con él que pasaría los sábados y domingos con sus padres e iría al hotel por tres días. La mañana de mi llegada, me había pedido que fuera directamente a su oficina para poder llevarme a su apartamento, para refrescarme. Tan pronto como lo vi bajar las escaleras de su oficina para saludarme, me sorprendió gratamente su atractiva apariencia física. Él, a quien yo había conocido con su pinta de niño, se había convertido en un joven muy guapo desde la última vez que lo vi. Estaba bajo el hechizo. La misma noche me recogió en coche para ir a su ciudad natal y finalmente volver a ver a sus padres a los que había visto el año anterior. Para alguien que dijo que sentía algo sincero por mí, sin embargo, estaba muy distante. E incluso en esas salidas de fin de semana con él y sus amigos, Era muy distante y apenas me miraba. La segunda noche y después de un obvio desdén por mí, especialmente porque él nunca hizo un esfuerzo por tratar de hablar español en grupo para que yo pudiera participar en sus conversaciones, finalmente estallé de rabia.

"Tal vez podrías hacer un esfuerzo para hablarme en español, yo trato de hablarte y tú no te dignas a responderme, qué es lo que pasa", bajó la cabeza y siguió callado. "Y además, me hablas de sentimientos, me envías una carta desde Egipto con hermosos cumplidos y me dices que te alegras de volver a verme y finalmente me ignoras! ¡Mírame a los ojos y dime qué te está pasando?" Fue en ese momento que me dijo, que se había sentido decepcionado de mí ya no estaba seguro de sus sentimientos, todo lo contrario, no era capaz de saber si tenía sentimientos o no. Para mí fue una ducha fría, pero sobre todo fue una terrible decepción y me pregunté por qué no podía ser querida. ¿Qué había de malo en mí que mantuviera alejados a los hombres? El problema vino de mí, lo sé, pero la imagen que tenía de los hombres era demasiado negativa. ¿Cómo era posible que yo quisiera y fuera querida? Algún tiempo después, incluso me dijo que yo era demasiado fuerte de carácter para él. Obviamente, con la infancia y la adolescencia que tuve, ¿cómo no armarme en la vida? Él había tenido una infancia y adolescencia despreocupada, yo tuve que luchar muy temprano para tener el lugar que yo tenía.

No fue su culpa, obviamente. Sin embargo, después de ese fin de semana en la casa de sus padres y nuestra charla el día anterior, sólo tenía una idea en mente, la de regresar a mi casa en el Norte y alejarme de los hombres para siempre, que envenenaban decididamente mi vida. Le había dicho que quería volver a subir al autobús lo antes posible y, sin embargo, fue él quien me detuvo, diciéndome que quería que me quedara y lo conociera mejor y parecía sorprendido por mi decisión. Inicialmente, había planeado volver a tomar el autobús el jueves por la noche y, sin embargo, cambié mi billete para el miércoles por la noche sin previo aviso. Las siguientes tres noches fueron geniales con él, aunque sufría al recibir sólo una buena amistad de él, pero estuve con él y al final eso fue todo lo que importaba. Creo que en retrospectiva y probablemente debido a su inmadurez en ese momento, no pudo analizar sus sentimientos cualesquiera que fueran. Me trajo de Egipto un bonito colgante de plata que siempre llevaba desde entonces. Nuestras relaciones habían mejorado en los últimos momentos, pero yo sufría de esta distancia y mientras él hacía planes para el jueves por la noche, le dije que ya no podía quedarme con él porque no sabía lo que sentía por mí (o no) y yo quería ir a casa y darle tiempo para pensar. El jueves por la noche lo besé en la mejilla y él me cogió hacia y me abrazó muy fuerte sin querer soltarme. Estaba bien, pero también sorprendida por este cambio repentino, principalmente porque no entendía. Me hubiera gustado besarlo de nuevo, pero me retuve y dije: "Pensarás en lo que sientes por mí", y me hizo una seña que sí y me subí al autobús y nunca más volví a saber de él. Unos años más tarde me enteré por Montse que se había casado, seguía viviendo en Gerona y tenía una hija y que su padre había muerto. Volví a Francia desesperada por haber sido expulsada de esta manera, estaba arruinada económicamente y sin coche. Los chicos eran realmente todos como mi padre: "unos cabrones de mucho cuidado". Los demás novios después van a resultar ser igual de malos, pero había decidido hacerlos sufrir. Sin importar al próximo en aparecer. La venganza es mía, él pagaría el precio. Aparte de mis reveses sentimentales, había disfrutado mucho este año de universidad gracias al ambiente pero guardo un muy mal recuerdo de los cursos por su contenido. Al final, ni siquiera pasé el examen, pero finalmente me decidí por mi deseo de toda la vida: una escuela de turismo: TUNON. La escuela tenía una excelente reputación internacional, pero también era muy cara. Regresé en septiembre de 1988. Todo el mundo era nuevo y estaba segura de que me sentiría

bien allí. Tuve que pedir un préstamo estudiantil lo suficientemente importante como para poder financiar este año, pero como esta escuela colocaba a su personal al final de los estudios, lógicamente pensé que podría pagar mi préstamo con bastante rapidez. Contrariamente a lo que yo pensaba, esta prestigiosa escuela estaba llena de estudiantes de modestos antecedentes sociales como el mío. Creé lasos de amistad muy rápidamente con gran parte de los estudiantes incluyendo a Sophie y Catherine.

Ambas habían sido criadas sin padres, lo que por supuesto me acercó más a ellas. Fue entonces cuando empecé a darme cuenta de que ya no estaba sola en este caso, que había más y más estudiantes en este caso y que quería dejar este país. Y es esta escuela la que me daría la oportunidad. Pasé un año inolvidable en TUNON. He tenido la oportunidad de hacer muchas prácticas de turismo.

Y finalmente, hubo esta pasantía obligatoria de varios meses. La mayoría de los pasantes de la escuela habían decidido hacer su

pasantía en una agencia de viajes o una compañía aérea, yo quería hacer mi pasantía en el negocio hotelero. Además del hecho de que la mayoría de los estudiantes hicieron sus prácticas en Francia, Sophie y yo decidimos hacer nuestras respectivas prácticas en el extranjero, yo, en España, ella en Italia.

"20 años en búsqueda de una historia paternal"

Ausente

1989

♫ "20 años en búsqueda de una historia paternal"

Mis experiencias en el extranjero

La escuela me había encontrado unas prácticas en un hotel de 4 estrellas en Barcelona. Mi amiga de la escuela, Sophie, consiguió una pasantía en un hotel en Génova, Italia. Ella ya sabía muy bien el italiano y quería ir a Italia para una pasantía. Por mi parte, me alegré de poder ir a Barcelona, pero el problema que me quedaba era encontrar alojamiento durante estos meses. Mamá por supuesto no podía pagar para alquilar una habitación y tenía un préstamo estudiantil que tenía que pagar lo antes posible. Así que estaba buscando posibilidades que me permitieran quedarme con alguien a cambio de ayudarlo con las tareas diarias y hacer mi pasantía. por día. Así que inmediatamente pensé en un trabajo como interina. Me inscribí en una agencia de interina y mi solicitud fue aceptada inmediatamente. Dicho esto, la agencia no pudo ayudarme directamente y me sugirió que me pusiera en contacto con la agencia de Barcelona tan pronto como llegara a

Barcelona. Así que tomé el autobús para España llegando un domingo por la mañana. En la parada de autobús el gerente del hotel me estaba esperando. Se llamaba Pablo y era el jefe de recepción. También sería mi supervisor durante la duración de la pasantía y sería responsable de mis prácticas en varios departamentos del hotel. Me había encontrado una habitación en el hotel para pasar la primera noche allí y me dijo que no era capaz de hacer más. Así que mi primera noche fue "asegurada". A la mañana siguiente, fui a la agencia de interinas en Barcelona que, sorprendentemente, buscó lo más rápido posible una familia que pudiera acomodarme todo el tiempo de la pasantía. Fue una familia con un niño de 12 años la que decidió acogerme.

El padre de familia, Toni, era un muy conocido empresario de Sabadell y su novia, Emma, trabajaba con él. No tuvieron hijos juntos. Toni estaba divorciada y su hijo menor, Dani, vivía con ellos. Su hijo mayor vivía con su madre. Estaba más que feliz de haber caído en esa familia. Primero me habían recibido con los brazos abiertos, el niño de 12 años a mi cargo era muy entrañable, también había sufrido la separación de sus padres, y eso me devolvió un poco a mi propia historia. Rápidamente me encariñé con él, Toni y Emma. Con Toni, tenía en común el sufrimiento del divorcio y esta herida constante. Intercambiamos mucho sobre este tema y Emma también estaba muy abierta a muchos temas. Emma era mucho más joven que él. Era como un padre. Por la mañana me iba a las prácticas y por la tarde me ocupaba del joven Dani. Me sentí muy bien en el trabajo. Todo el personal del hotel era agradable conmigo. Probablemente estaban contentos de tener una francesa con ellos y nunca me dejaron de lado. Hice la primera parte de mi pasantía en Marketing, luego en finanzas y luego en recepción. A la hora del almuerzo, comía con el resto del equipo en la cantina del personal y me divertía mucho. Era un gran placer trabajando con ellos. Escribía mi informe de prácticas por las tardes y los fines de semana. Y fue Toni quien me corregía la versión en español del informe que le entregué a Pablo al final de mi pasantía. Ese periodo fue uno de los momentos más felices de mi vida escolar. Había encontrado mi camino y el país en el que quería vivir. Montse me había visitado varias veces en Barcelona y yo la había presentado al personal del hotel. Estaba bien y sabía que volvería a España algún tiempo después. Este país me estaba esperando. Así que me fui de Barcelona por unas semanas para volver a Lille y pasar mis exámenes finales. Recuerdo las lágrimas que derramamos juntos, Toni, Emma y yo cuando me llevaron de vuelta a la parada del autobús. Pasé la mayor parte de la noche llorando en silencio en el autobús. ¡Encontré una segunda familia! Mejor: amigos.

Tan pronto como mis resultados y la obtención de mis exámenes en TUNON terminaron, me fui inmediatamente con una maleta muy grande en casa de Toni y Emma unos meses para ayudarles a abrir una agencia de interinas que resultó ser un negocio muy exitoso en la región varios años después. La intención de no volver a Francia. Desafortunadamente, como ya no podía quedarme con ellos y no podía encontrar alojamiento adecuado, regresé a Francia.

El final del año escolar terminó con un primer salto en paracaídas como primer vuelo y toda la clase se separó para siempre. Todos nos fuimos y las promesas de unos reencuentros pronto se desvanecieron.

Estuve en contacto con Sophie durante mucho tiempo y, con el tiempo, también nos perdimos de vista, especialmente después de visitarla en Génova en 1997, cuando estaba pasando por una ruptura muy dolorosa con su pareja e intentaba arreglárselas.

Por mi parte, como deseaba mejorar mi inglés, me fui a Gran Bretaña. Así que me presenté a una agencia de empleo para trabajar en la industria hotelera y encontré trabajo como recepcionista en un hotel de tres estrellas en Llandudno, Gales, durante nueve meses. No conocía esta zona y tenía prisa por ir. Recuerdo mi primer viaje allí. Las casas de entramado de madera en Gales eran hermosas, así como el paisaje celeste de este país celta. Llegué por la tarde y era una de las recepcionistas del hotel que estaba esperando mi visita, que me recibió muy calurosamente. Me colocaron la primera noche en una habitación con otro interno. A la mañana siguiente empecé mi turno en la recepción del hotel. Ya tenía más de 10 años de inglés y sin embargo mis primeras semanas, especialmente en la recepción fueron muy difíciles. Los galeses son personas muy abiertas y, sin embargo, este país me parecía extraño. Sin embargo, tuve la suerte de hacer amigos muy rápidamente con otra mujer francesa, Catherine, que estaba haciendo una pasantía. Pasamos muchos momentos agradables juntas, hasta el día en que salió de Gran Bretaña para regresar a su ciudad natal de Le Mans para seguir una carrera legal. Estuve en contacto con Catherine durante mucho tiempo antes de perderla cuando regresó a Gran Bretaña para casarse con un inglés y comenzar una brillante carrera como abogada internacional. Estamos en noviembre de 1989 en medio de los acontecimientos de la "caída del Muro de Berlín" y es a partir de ese momento que me surgió el deseo de irme a Alemania tan pronto como habría terminado mis prácticas en Gran Bretaña. La pasantía debía realizarse en dos etapas: de noviembre a agosto, la pasaría en Gales, comenzando en septiembre y durante dos meses, la pasantía terminaría en Londres. En Londres tuve la oportunidad de elegir entre dos hoteles diferentes: dos hoteles de 4 estrellas de gran categoría pero un hotel de unas cincuenta habitaciones y el otro de 830 habitaciones. Hice la elección del tamaño y quizás al mismo tiempo la elección equivocada, ¿quién sabe? Pero, ¿quién podría haberme ayudado a tomar la decisión correcta, mi ser interior? En Gales y cuando Catherine se fue, me acerqué

mucho a los ingleses y me hice amiga de mi jefe de finanzas y contabilidad, se llamaba Christine y fue ella quien me introdujo en gran parte de Gales. También conocí a Ron, un ingeniero de mantenimiento que trabajaba en el hotel, y a su esposa Jane. A menudo me invitaban a su casa a comer y realmente empecé a conocer Gran Bretaña y luego otras dos personas marcaron mi período: Don y Jon. Jon ha contribuido mucho en hacer mi vida muy agradable, ya que a cambio de darle clases de francés los martes por la noche, me aceptaba en su familia y me permitió "recomponer" una apariencia de familia, durante unas horas, invitándome a cenar. Parecía muy apegado a su esposa y sus dos hijos eran encantadores, parecían muy enamorados el uno del otro y me querían mucho. Así que cuando mi amiga Patricia, con quien había vueltoa estar en contacto desde hacía varios años, me preguntó si podía visitarme en Gales, les pedí que la alojaran durante una semana. Jon y Lynn, los había conocido de una manera muy especial. La ciudad de Llandudno se hermanó con la ciudad francesa de Wormhout y este hermanamiento fue muy activo. El alcalde de Llandudno en ese momento estaba buscando a una mujer francesa o a alguien que dominara el francés para ayudarles a organizar una reunión de hermanamiento. Era natural que mi jefe se dirigiera a mí y me preguntara si podía unirme a ellos y acompañarlos a Francia. Por ese lado, sabía que sería una gran publicidad para él, para su hotel y me dio días libres extras con paga. Tuve el honor de representar oficialmente a la ciudad galesa y de conocer a toda la gente de mi ciudad adoptiva, pero también los políticos de la ciudad francesa con la que estaba hermanada. Jon estaba en ese comité y fue durante ese viaje que tuve el honor de conocerlo a él y a su esposa. Fue también en ese momento cuando finalmente me acerqué a los ingleses que me habían aceptado muy calurosamente. Aprendí mucho sobre el caracter inglés. Durante esta estancia en Francia, conocí a Eric, un miembro francés del hermanamiento y muy simpático que inmediatamente se enamoró de mí. Estaba divorciado e inmediatamente se enamoró de mí. Era bastante guapo, simpático, pero demasiado urgente en mi opinión, y yo lo alejé rápidamente, hasta que me enfadé con él. De hecho, sospeché que algo estaba mal conmigo: aquellos que me gustaban no se interesaban en mí, y si el chico se interasaba en mí era yo quien lo rechazaba, de hecho, me prohibía querer y buscaba un amor

imposible. Mi segundo problema fue probablemente que dudaba terriblemente de mí misma y que no me sentía querida por todos. Esto simplemente reflejaba mi inquietud porque estaba lejos de ser fea,

Ausente

pero atraía a las personas equivocadas.

Es difícil decirte a ti mismo que nunca serás querida. De todos modos, estaba segura de que me quedaría sola y de que sólo usaría a los hombres para fines puramente interesadas. Uno de mis amigos alemanes que conocí de una amiga en común vino a visitarme a Gales. Sólo éramos amigos y él tenía novia. Sin embargo, el día antes de irse, me besó con mucha ternura diciéndome que era guapa, que probablemente encontraría a la persona adecuada, pero que no tenía intención de dejar a su novia que quería. ¿Estaba yo condenada a este tipo de relación o sólo él quería protegerme?

¿se dio cuenta de que estaba buscando algo más que la aventura de una noche? Creo que estaba asustando a los hombres por mi carácter duro y hecho y derecho. ¡Era demasiado fuerte! Mi amigo español me lo había dicho tantas veces que debe haber sido verdad. Don es la segunda persona que marcó mi vida en Gran Bretaña y es él quien le dará un giro especial. También lo conocí en el hotel, él era el encargado de decorar el hotel.

"20 años en búsqueda de una historia paternal"

Ausente

1990

"20 años en búsqueda de una historia paternal"

Mi búsqueda paternal

Don, francamente, no era guapo y era 20
años mayor que yo. Él mismo se estaba
divorciando y se había enamorado de mí. Me
lo dijo muy abiertamente, añadiendo que
nunca haría nada malo para herirme,
demasiado miedo quebrarme. Se sentía muy
frágil, diciéndome que yo tenía un carácter
muy perturbado pero que yo también era
frágil en busca de un padre. Él mismo, padre
de una hija de mi edad que había sufrido el
divorcio de sus padres, me entendió. Pasaba
largas noches discutiendo mi vida y mi falta
de padre. Hacía varios años que no tenía
noticias de mi padre y sabía que mi padre
nunca intentaría volver a vernos.

Como había desaparecido de la circulación,
no había dejado ninguna dirección precisa,
sus padres habían fallecido, era casi
imposible saber dónde vivía. Un día,
confiando en Don con mi deseo de
comprender el "por qué de mi mal de amar
y de mi malestar", le dije

"Me gustaría encontrar a mi padre, pero no sé cómo. Él tuvo una gran idea. "¿Por qué no vas al Ejército de Salvación?" Están por todo el mundo y hacen búsquedas internacionales para encontrar a personas cercanas a ellos, especialmente si son personas sin hogar. Si quieres, yo me encargo, llamo al ejército de salvación aquí en Gran Bretaña y les das todos los datos que tienes de tu padre, no te preocupes, lo encontrarán por ti. "Fue unas semanas después de que el Ejército de Salvación contactara conmigo. Habían encontrado su rastro en el norte de Francia. Vagaba por ahí, aparentemente sin domicilio fijo. Estaba pasando el rato en una cafetería a horas fijas y el Ejercito dela Salvación me propuso escribir una carta a este café e indicar que el gerente se la daría personalmente en la próxima oportunidad. En esa carta, simplemente mencioné que quería volver a verle y charlar del "por qué". Unas semanas después, recibí una carta de mi padre. No se confiaba tampoco mucho, pero sólo hablaba de sí mismo y de su nueva vida. Vivía con una mujer mucho más joven que él. Ella era minusválida física y estaba con él. Él, que durante muchos años había pensado sólo en sí mismo, había

decidido ocuparse sólo de los demás. Sabía

que esta mujer lo quería a él y él sentía mucho cariño hacia ella, era muy tierno pero no buscaba el amor con ella. Me habló de su casita y me pidió que me diera breves noticias de él. Su carta era fría y distante y no mostraba sentimientos. Lo firmó con "Tu padre J." ¿Cómo podría olvidar su nombre? Lo que más bien tuvo el efecto de una decepción por mi parte. ¿Cómo pudo marcar "tu" padre cuando hacía mucho tiempo que había dejado de pertenecerme.

Durante una visita de una semana en casa de mi madre, me lo encontré por casualidad en Valenciennes. No me acerqué a él aquel día, creo que tuve miedo o ¿será que sencillamente era cobarde como él? No lo sé pero él tampoco intentó acercarse a mí, ¿por qué no dio ese paso? ¿Eso hubiera cambiado el curso de mi existencia? No lo sé, pero no volví jamás a cruzarme con él en ninguna parte del Norte. Tampoco he intentado volver a verle. Todos me decían de dar un primer pasa hacia él sobre todo el día cuando tendría hijos. Nunca quise. Para mí, estaba definitivamente muerto.

"20 años en búsqueda de una historia paternal"

Ausente

Septiembre del 1990

"20 años en búsqueda de una historia paternal"

Ausente

Desilusiones sentimentales

Había dejado a mi padre atrás de una vez por todas, y a los hombres en particular. Desde septiembre de 1990, me había ido a vivir en Londres con ingleses, alemanes, daneses, holandeses e irlandeses. Trabajé en un gran hotel londinense, el Tower Hotel, situado cerca del puente de la Torre y debía quedarme allí hasta noviembre.

El primer día que llegué al hotel, había conocido a un grupo de extranjeros como yo que apenas comenzaban su formación. En este grupo, un joven griego, guapo, de pelo moreno, que me miraba fijamente. Acababa de llegar de Atenas, hablaba muy bien inglés y simpatizamos rápidamente. Al igual que yo, había sido asignado a diferentes departamentos del hotel para conocer todos los oficios de la hostelería. Nos cruzabamos durante las pausas. Por la noche, me quedaba fuera del hotel en una casa bastante grande y muy agradable, en el este de Londres, Stepney Green en el barrio indio de Londres. Tenía una habitación que compartía con Allison y en el rellano había un alemán Michael, de Hamburgo, y Lene, una chica danesa muy divertida. Juntos, hicimos muchas travesuras. Y entonces, una noche, ese colega griego me invitó a tomar una copa con él y acepté porque estaba sola. Aparentemente, se sentía solo, muy lejos de su familia y yo buscaba un poco de ternura o al menos un hombro. El hombro del consuelo que no encontré con este muchacho de carácter fuerte como yo. Él coqueteó abiertamente conmigo y como era guapo, moreno de ojos negros y me recordaba extrañamente a mi amigo por correspondencia español, me dejé coquetear para que no estuviera sola en esa gran capital inglesa. Pasamos los días siguientes juntos y tratamos de conocernos un poco mejor, me sentía mal conmigo misma, al final sólo quería una cosa: ¡irme de este país! Huir... una vez más. Así que cuando rompí con él tres semanas después porque no veía un futuro común, no parecía afectado. Esto me reforzó en la idea de que él no quería estar solo en Londres, ni yo tampoco. Sin embargo, fue unas semanas después que conocí a Steven.

Era un hermoso inglés, alto y muy elegante. No era mi tipo, pero lo había conocido en una fiesta y rápidamente se sintió atraído por mí. Pero era muy misterioso. Nunca hablaba de sí mismo ni de su familia. Ni siquiera sabía su apellido, sino que simplemente sabía que era un trader de un banco inglés. Sin embargo, después de un mes de relación y mientras aún estaba con él, decidí dejar Gran Bretaña para reunirme con Patricia, mi amiga de la infancia en París. Patricia me dijo que podía ir a París a buscar trabajo, pero después de dos semanas supe que no quería quedarme en Francia. Todavía tengo excelentes recuerdos de Londres, de esta ciudad llena de gente, de esta emocionante capital, pero sobre todo de mis salidas nocturnas con mi grupo de amigas y de este "albergue español" creado por todas estas diferentes culturas en las que me sentía a gusto. Y después de un breve regreso a casa y una rápida visita de unos días de parte de Steven, que se había apegado a mí y había ido a visitarme, nunca más volví a saber de él.

¿Quería probarme a mí misma que podía invitar a alguien a casa? ¿Me comporté demasiado precipitadamente con él? ¿O un carácter demasiado fuerte como lo había escuchado con demasiada frecuencia? ¿O sólo estaba asustada?

Nunca lo supe. Después de varias entrevistas en empresas francesas y una cita en el INEM, más bien deprimente decidí ir a

Alemania como interina. Yo no conocía este país y sobretodo no hablaba el idioma. Así que sería un verdadero desafío ir allí y sobretodo porque había dejado atrás mi vida pasada y a los hombres que conocidos. Quería empezar de con buenas bases. Llegué a la estación de Frankfurt el 22 de febrero de 1991. Hace 26 años, ahora.

Ausente

1991

"20 años en búsqueda de una historia paternal"

El encuentro de mi vida

Ma familia au pair ya había acogido a muchas internas, incluyendo a Marisa, una joven italiana que había trabajado desde entonces en Alemania. Ella me había integrado rápidamente en su grupo de amigos pero coo yo no hablaba alemán, seguí las conversaciones muy pasivamente y especialmente con un aire relativamente desapegado. Sin embargo, inmediatamente me sentí a gusto en este país. Todos sus amigos hablaban inglés, pero trataron de hablarme alemán, para que yo pudiera adaptarme al idioma muy rápidamente. Me inscribí en la Universidad Popular Alemana « Volkshochschule », lo que me permitió aprender lo básico del alemán. Estaba muy motivada y fue muy rápido que me conocí a muchos estudiantes como yo que acababan de llegar de sus respectivos países. El 4 de marzo de 1991, Marisa me había invitado un día para jugar a las cartas en casa de un amigo. Y así es como conocí a Holger.

Era amistoso, tenía barba y gafas, pelo castaño con ojos azules y no era especialmente mi tipo de hombre. Sin embargo, se me acercó muy rápidamente para tratar de hablarme. Había tanta arrogancia en su voz que lo odié de inmediato. Me dijo la frase que no quería escuchar: "Cuando uno vive aquí, tiene que aprender alemán"! Era obvio para mí, y me tomé muchas molestias para seguir estas conversaciones, pero apenas hablaba. "Y entonces fue Marisa la que me dijo que yo le había gustado enseguida. Sin embargo, intentamos hablar inglés y al final de la noche me invitó a salir con todo su grupo de amigos la semana siguiente. En aquella época yo vivía en Frankfurt con mi familia au pair y él en un pequeño pueblo al norte de Frankfurt.

Durante la semana salimos en grupo y el domingo 17 de marzo sugirió que fuéramos juntos los dos al cine. Mientras tanto, había empezado a gustarme y tenía una extraña sensación hacia él. Físicamente no era mi tipo de hombre, por otro lado su carácter tierno, interesado, su forma suave de hablar me agradaba. Me daba confianza. La noche que me besó por primera vez después de la película, pensé: "¡A este lo quiero de por vida! ».

Tuvimos muchos pasos en la vida y hablé mucho de mi vida, él me enseñó mucho. Venía de un universo diferente, con padres casados durante más de 40 años y todavía era inocente del mundo.

Después de una decepción en el amor y una larga historia, él también se enamoró de mí muy pronto. En 1993, nos mudamos a vivir juntos. Aprendimos a conocernos y llevarnos. Por supuesto que conoce mi carácter, mis defectos, mi sensibilidad y supo guardarme y aceptarme tal como soy. Nos casamos en 1998 y nuestro primer hijo, Cédric, nació el mismo año. Nuestro segundo hijo Mathis nació en 2004. Holger es la persona más amable, tierna y comprensiva que conozco y por eso lo amo. Nunca me juzgó, nunca me criticó. Nunca tuvo miedo y me salvó.

Me dio una vida equilibrada precisamente porque está equilibrado. Construyó una historia para los dos y nunca podré agradecerle lo suficiente. Él es mi historia y desde que lo conocí, ya no estoy en busca de una historia paterna.

"20 años en búsqueda de una historia paternal"

Ausente

¿Y hoy?

Con mi familia, tengo una buena relación.
No veo mucho a mi madre y debido a su
enfermedad, ya no sabe dónde está. A veces
olvida que vivo en Alemania desde hace más
de 20 años. Ella sigue con su pareja, que es
como un padre sustituto, aunque nunca
decidieron vivir juntos, han estado juntos
durante 28 años y mi padrastro y mi madre
todavía se aman. Significa mucho para mí.
Mi hermano mayor vive lejos en la Vendée y
no lo veo mucho, pero pensamos el uno en
el otro y eso está bien. Se casó y lleaó una
vida estable y tranquila como profesor de
matemáticas, hizo realidad su sueño de
construir su casa y está orgulloso de su éxito.
Él también sufrió mucho. Él, a diferencia de
mí, se había restablecido un lazo con mi
padre. Mi hermano menor también se casó y

tiene dos hijos, compró su propia casa y creó su propia familia. Él, que estaba sin duda él que se parecía más tanto de físicoe como de caracter a mi padre, él sin emargo nunca intentó volver a verlo. Lo ha odiado de todo corazón. Quiero mucho a mi hermano, pero tengo una relación lejana con él. Probablemente por la distancia y nuestros personajes diametralmente opuestos.

Por otro lado tengo una relación muy estrecha con mi hermana a la que más quiero en el mundo, ella lo sabe, recientemente nos lo dijimos de nuevo. Y su hija es como la hija que nunca tuve. Mi hermana sufrió mucho por la ausencia de un padre, pero fue capaz de construir una relación externa y neutral con él. Hace poco me dijo que siempre había tenido miedo de los padres de sus amigas de la infancia. Para ella, representaban el mal, el padre que hace daño. Siempre recurría a hombres mayores cuando tenía relaciones. Ha luchado mucho en la vida y su lucha la está ganando. Ella logró forjar nuevos lazos con él. Y luego, ella, que había dejado la escuela a los 16 años por una vida errante, reanudó sus estudios a los 36 años y obtuvo su maestría en 2014. Trabajó en un puesto clave en una

asociación conocida en Francia en nuestra

ciudad natal. Ahora es consultora y acaba de comprarse una casa y conocer al hombre de su vida. El futuro le dirá si es él o no, y la felicidad siempre es frágil. De todos modos, ha recorrido un largo camino y estoy orgulloso de ella.

Encontré a uno de mis hermanastros, el que también era mi favorito. Dejó el norte y construyó una vida en Barcelona. Tiene una pareja encantadora y muy cariñosa. Supe cómo seguir adelante aunque no tuviera la presencia paterna. A menudo me dice que no tiene recuerdos de él, así que no sufre. Por otro lado, "Ella", no quiero verla nunca, ni a los otros hermanastros, no por despecho, sino porque nuestras vidas no tienen que volver a encontrarse y porque no comparto ninguna historia con ellos. ¿Mi padre? En diciembre de 2008, en Nochebuena, y sabiendo que había sido condenado por cáncer de ganglios linfáticos, decidí volver a verlo y fue el 24 de diciembre de 2008 cuando fui a visitarlo a su casa. Hacía más de 20 años que no lo veía y, debido a su enfermedad, estaba muy delgado y ya no era la imagen del padre que conservaba. Era un viejo herido y daba pena.

El 28 de diciembre entró en coma y el 3 de enero de 2009 murió después de un terrible sufrimiento. Mi hermano mayor lo cuidó hasta su último aliento, mi hermano menor se quedó con mi hermana hasta el último momento. Creo que mi padre había esperado inconscientemente a que lo visitara antes de irse. Finalmente después del luto, su muerte me tranquilizó.

Ahora que le doy un estatus. ya no es el padre que nos abandonó, es un padre fallecido que ya no lastimará a nadie a su alrededor. Mis dos hijos lo conocieron y creo que realmente los quiso mucho. No desempeñó su papel de padre, pero creo que fue un abuelo maravilloso. Siempre he tenido a mi amiga Estelle a mi lado durante más de treinta años. Volví a ver a Sophie, mi amiga de Génova que se quedó allí. Incluso vino con su pareja en septiembre de 2013 para visitarnos. Ella también está orgullosa de ver lo que he logrado construir. El año pasado volví a ver a mi amiga Montse después de 25 años sin vernos. Ella es siempre la misma y hemos tenido un reencuentro genial. No volvimos a encontrar como hace 25 años. Siempre está muy enfocada en su vida, porque desafortunadamente no construyó una vida sentimental y nunca tuvo hijos, por lo tanto

es más egocéntrica que mi, permaneció muy apegada a sus padres y a su familia. Holger tuvo la oportunidad de conocerla este verano de 2013.

En 2011, también quería encontrar a Pere y lo encontré gracias a Internet y a las redes sociales.

También estaba indirectamente intentando de encontrar mi rastro, nos escribimos por un tiempo y también nos volvimos a encontrar en junio de 2013. Fue un momento muy intenso para él y para mí. Desde entonces, está divorciado, tiene una encantadora hija de 10 años. Su padre falleció hace unos años, pero tuve la oportunidad de volver a ver a su madre en el verano de 2013, y ese momento también fue muy fuerte, en recuerdos y sentimientos. Con él en particular, empezamos a construir una relación amistosa y él se convirtió en mi mejor amigo. Le quiero mucho y él lo sabe. Siempre será parte de mi vida porque es el comienzo de mi historia en España. Le presenté a mi marido y a mis hijos y se llevaron bien enseguida. Mi marido es un hombre extraordinario y Pere es una persona extraordinaria abierta al mundo.

Como he repetido a menudo a mi marido: "Es un chica genial a quien tengo mucho aprecio y su amistad me es muy importante. ¡Verás que Pere es un buen hombre!" Y tengo suerte de tener un marido súper generoso y maravilloso. Faltaba una persona para completar el círculo de mi vida: Catherine. La había perdido la vista desde nuestras vacaciones en España. Había roto con su prometido de la época y se había seguido una formación de turismo con la esperanza de volver a España. Ahí fue cuando le perdí el rastro. Durante más de 5 años, traté de encontrar su dirección a través de Internet. Incluso probé escribir una carta a su tío en Rosas con la esperanza de que encontrara tiempo para responderme. Recordando que el nombre de su hermana era Claudine y que ella quería a los animales, probé un número al azar en el sur de Francia. A principios de 2014, llamé a ese número y me encontré con su madre. Catherine murió en 2005 a los 41 años de cáncer de mama que había tenido desde los 33 años. Catherine realizó su deseo de vivir su "sueño de España". Ella vivió una parte de su vida allí y volvió a vivir con sus padres hasta su muerte. Catherine habría cumplido 50 años el 29 de febrero de 2014. Finalmente la encontré.

Descansa en paz en el sur de Francia. Y también conseguí encontrar a Toni, que también forma parte de mi historia, es un

Ausente

padre pero sobretodo un amigo, con quien compartí mucho. Lo volveré a ver muy pronto y espero con ganas este momento.

"20 años en búsqueda de una historia paternal"

¿Qué hay de mí?

Holger y yo nos conocemos desde hace más de 25 años, 1991, el año en que llegué a Alemania. Hemos vivido juntos durante 21 años y estamos casados desde 1998. Hemos cumplido nuestro sueño de comprar una casa en el suburbio residencial de Frankfurt. Esta es nuestra casa y he hecho todo lo posible para decorarla, para que nos sintamos bien y para que se parezca a nosotros.

Siempre recordé que nunca me había atrevido a invitar a amigas a casa o muy poco, simplemente por vergüenza. Mamá nunca, también por falta de tiempo, se había empeñado en que nuestra casa fuera agradable a la vista. Tenemos dos hijos maravillosos y ambos trabajamos, él como jefe de proyectos.

Holger es doctor en química. Es un gran trabajador y un gran luchador. Nuestros hijos son bilingües. Crecen en una familia unida, financieramente segura, con un padre y una madre muy cercanos a sus hijos y muy cariñosos. Los niños conocen mi historia y aunque no se imaginan lo que podría ser sufrir de la falta de un padre, piensan que yo debo haber sufrido de esta falta. Están muy cerca de su padre, a quien adoran. Él está allí y está presente. Siempre me hace sentir raro decir esa palabra "papá", ¡qué palabra tan grande cuando no la has dicho! Y me encariño cada vez que veo esta relación de complicidad entre el papá y nuestros hijos.

Cédric, nuestro hijo mayor, entró en la sección "lycée" y eligió el francés como primera lengua "extranjera". Ya habla inglés, francés, japonés, alemán y aprendió castellano. Parece que le atraen los temas científicos y le gustaría progresar hacia este tipo de estudio. Es un adolescente como los otros pero muy razonable. Él hizo realidad un sueño que a mí me hubiera gustado hacer realidad: ir a los Estados Unidos en un intercambio escolar.

Y ahora se va a Japón con una familia japonesa a tomar cursos intensivos.

Mathis, nuestro hijo menor ha entrado en un colegio alemán en la sección de francés. Es muy técnico y parece dotado para la creación. Ya se ve a sí mismo como arquitecto o ingeniero aeroespacial.

Estoy extremadamente orgullosa de mis hijos. En cuanto a mí, obviamente aprendí alemán tan pronto como llegué al territorio y en menos de un año. Después de haber comenzado en ventas internacionales en una agencia temporal lo que me permitió entrar en el sector multinacional de TI y la referencia en Alemania "SIEMENS". Donde fui jefa de marketing de producto internacional, dejé la multinacional en 2009 y desde entonces trabajo en un gran grupo bancario francés como consultora en marketing y exportación.

He seguido numerosas formaciones en marketing incluyendo dos en comunicación visual e ilustración gráfica. Nunca dejé de trabajar, ni siquiera después del nacimiento de mis hijos.

Era una condición sine qua non para seguir trabajando e incluso en un país donde se espera que la madre se quede en casa para educar a sus hijos. Quería escapar de esta regla, lo que me valió muchas críticas entre las madres alemanas y mifamilia política. Aún así, impuse mis decisiones y las asumí hasta el final. Hice mi formación cuando mis hijos todavía eran muy pequeños, mi hijo mayor tenía 6 años y el menor era un bebé. Trabajaba 30 horas a la semana y por las tardes estudiaba. Tuve la suerte de tener un esposo en ese momento que me apoyó en mis decisiones y le agradezco por todo.

Estoy orgullosa de haber seguido en menos de dos años, una formación que generalmente dura más de dos años, especialmente cuando era empleada y tenía un bebé en casa. Hablo ocho idiomas, cinco de los cuales con fluidez incluso el catalán. Hace un año me empeñé en aprender catalán y a dominarlo un año después. ¡Meta alcanzada! Hablo el idioma de Antoni Gaudí, leo y escucho los periódicos y mantengo conversaciones políticas con mis amigos de España sobre la independencia de Cataluña. También he reanudado las clases de ruso y espero alcanzar un nivel correcto pronto. Todavía tengo esta pasión desenfrenada por los idiomas. Esta pasión me ha perseguido desde que aprendí inglés. Esa pasión nació conmigo y esa pasión irá conmigo. Es esta pasión la que me ha permitido encontrar trabajo. Obviamente, no es porque hablé los idiomas que la posición fue adquirida a mí pero especialmente porque dominé tal o tal lengua que encontré esta posición. En mi posición actual, tuve la oportunidad de encontrarlo gracias a mi dominio del francés y del alemán. Alemania me permitió construirme un futuro diferente precisamente porque estaba empezando desde cero. Fue en Alemania donde aprendí el mundo del trabajo, fue en Alemania donde conocí al hombre de mi vida, el que ha compartido mis alegrías y mis penas durante más de 20 años. Allí aprendí informática, me convertí en propietaria e incluso aprendí a bailar.

A veces no estoy de acuerdo con este país de carácter frío y difícil de vivir a veces. Pero, ¿habría tenido una vida más sencilla en España o incluso en Francia? Nunca pensé realmente en volver a Francia y mucho menos a mi región natal, pero terminar mis días en España con Holger? Sí, es uno de mis objetivos con Holger y los niños, obviamente. Cuándo y cómo, no lo sé, pero sé que me llama esa magnífica región que es Cataluña.

Aditivo: desde el final de la escritura de mi libro, tuve la oportunidad de conocer a una super persona que me ayudó a liberarme de mis "viejos demonios familiares" y a tratarlos para salir serenamente. Me reconcilié "mentalmente" con mi padre y ahora puedo decir que ya no lo odio e incluso lo perdono. Soy una persona pacífica y ahora en el paso con mi pasado. Amo a mi padre y creo que si no hubiera fallecido, habría intentado reconstruir algo nuevo con él.

"20 años en búsqueda de una historia paternal"

Ausente

2014

Preguntas de una periodista ficticia en una entrevista ficticia.

Hola, gracias por tomarse el tiempo para atender una pequeña entrevista después del lanzamiento de su libro en 2014. Primero, ¿por qué este libro y, sobre todo, por qué ahora?

"Me estoy acercando a los cincuenta años y finalmente ya he pasado más de la mitad de mi vida en Alemania y no cuento mi tiempo en Gran Bretaña y España, ni mis muchos viajes al extranjero. Creo que es normal a mediados de su vida hacer balance. En los últimos años, he tenido problemas personales, incluyendo la pérdida de mi trabajo y la pérdida de confianza en mí misma. Por no pesar y por presión, accedí a volver a una posición mucho menos cualificada. Este trabajo fue simplemente un horror. Allí me humillaron, me presionaron, el jefe era un déspota que me menospreció mucho, cuestionó mis habilidades profesionales. Me recordaba a mi padre por su comportamiento machista. Me acosó moralmente hasta caer enferma. Muy agotada, me resigné y me dije a mí misma que me correspondía a mí hacer el vacío de este período. Hablé mucho con una de mis amigas, una naturópata, que me dijo que nunca había resuelto el problema de mi padre y que finalmente tenía que poner por escrito este período que me estaba perjudicando "mi infancia y adolescencia".

Además, me dijo que por fin había llegado el momento de liberarme y que, de alguna manera, había provocado indirectamente esta vida, dejando "una puerta abierta".

¿Es terapia haber puesto por escrito tu búsqueda de una historia paterna?

No fue tan sólo una terapia, sobretodo fue una verdadera tortura. Cada vez que avanzaba en la escritura, sufría porque sacaba momentos muy dolorosos. Necesitaba esos momentos para curarlos.

Me sentí muy inspirad por el método BSFF

Ausente

— Be set free fast : (Libérate ya). Consiste en traer de vuelta emociones o dolores enterrados en el inconsciente y tratarlos eficazmente diciendo - ¡es bueno ir en paz y dejarme en paz! ¡Eso es el pasado! Así que sí, este libro ha sido una verdadera terapia. Por otro lado, mi primera terapia fue reconectarme con mi padre en 2008, escribirle:"¿Por qué?" La terapia tomó una forma concreta cuando me escribió una carta (en la primera parte del libro) donde me dijo que me amaba y que se disculpaba. Cuando lo volví a ver al final en diciembre, justo antes de morir, me sentí bien al ir a verle... Este proceso, lo admito, fue puramente egoísta, porque lo que me interesaba era curarme a mí misma, en lugar de volver a verlo. Y cuando murió unos días después, pensé: "Está bien, él puede irse y yo estoy en paz conmigo misma. Fue el 3 de enero, el día en que murió, cuando encontré la historia de mi padre.

Y ese libro puso esa historia en papel.

¿Cómo ve su experiencia?

Bastante mezclada, sufrí durante mucho tiempo por no haber crecido como los demás niños, especialmente porque todo es doloroso en mi historia. Esos silencios, esas ausencias, esas no dichas, esas negativas y ese sufrimiento constante de mi parte. Pero no puedo cambiar el curso de mi historia, pero he aprendido a vivir con ella, a domarla. Hasta ahora me he sentido víctima, lo que era por supuesto, pero lo más importante esa experiencia me enseñó a luchar muy temprano y a forjarme un personaje de luchadora a una edad temprana. Soy una luchadora y tengo un enorme deseo de triunfar, paso por encima de los obstáculos y nunca me rindo. Sin embargo, todavía hay dentro de esta persona herida en busca de la vida de una niña que nunca tuve.

Echo de menos esta infancia pero vivo con esta carencia y lo asumo. Ahora vivo en paz con mi pasado y sobre todo aprendo a quererme a mí misma.

¿Cómo ve a su madre y a su padre?

Mis sentimientos se mezclan y contienen un

poco de todo: tristeza, rabia, desdén pero también desapego.

Tristeza, porque mi madre a quien quiero siempre ha estado ausente y esto es lo que

se destaca a lo largo de mi libro. Ella estaba presente materialmente porque trabajaba para mantenernos, trabajaba de noche para que no nos faltara nada. Desafortunadamente, ella nunca estaba emocionalmente presente. Ni un abrazo, ni un beso, ni un "¡Te quiero! ».

Cuando pienso en el número de veces que se lo digo a mi marido y a mis hijos, me entristece que nunca nos lo haya sabido decir para tranquilizarnos.

Rabia, porque nunca pudo asumir sus responsabilidades como esposa y me involucró cuando no dependía de mí, su hija de 12 años, resolver sus problemas de relación. Ella me transfirió sus expectativas e indirectamente me obligó a participar en su conflicto. He estado poniendo excusas por ella durante mucho tiempo para que esté mal y deprimida? ¿Qué hay de mí?

Yo era una niña y no tenía que involucrarme en su historia. Para mi padre y para "Elle", no tengo nada más que indiferencia. Era muy cobarde. Todo era mentira y ni siquiera podía explicar por qué se iba. Nuestra infancia y adolescencia ha sido una infancia de engaño, sinsentido e irresponsabilidad hacia nosotros. Nos abandonó. Ni siquiera trató de acercarse más a nosotros, incluso como adulto y no lo hizo, aunque sólo fuera económicamente capaz de dar ayuda a mamá. Debido a esto, mamá tenía que trabajar de noche para ganar más dinero. Y estábamos solos de noche en ese gran apartamento. Sospecho que cuando mamá se fue por la noche, debió tener el corazón apesadumbrado por dejarnos solos en casa. Especialmente cuando mi hermana era todavía una niña pequeña. ¿Cómo podía dejar que sus hijos durmieran solos por la noche, cuando estaba en un apartamento acogedor y cálido? Ni siquiera puedo encontrar respuestas a esas preguntas. No hay respuestas. Así es como se suponía que debía ser.

Usted tiene una relación especial con la persona que usted nombra a lo largo de su libro "Ella". ¿Su relación con ella parece bastante incoherente?

¿Incoherente? Cuando "Ella" vino a nuestra casa, "Ella" fue para mí un regalo, una hermana mayor y como mamá nunca estaba presente, me acerqué mucho a ella. De hecho, siempre buscaba ternura y abrazos y "Ella" sabía cómo darlos los abrazos. "Ella" siempre me escuchaba y era generosa conmigo. Empecé muy tarde a distanciarme de "Ella", cuando "Ella" empezó a ser destructiva y violenta para mí ya muy frágil equilibrio, era demasiado tarde. Cuando empecé a verla de nuevo, fue porque siempre la quería en el fondo y "Ella" me trajo lo que mi madre no pudo traerme: esa ternura, esa presencia. De hecho, "Ella" era una especie de droga y me costaba mucho alejarme de "Ella" y dar un paso atrás.

Ahora, como mi padre, "Ella" me es indiferente sin odio.

¿Cómo reaccionó su entorno a su

proyecto de escribir un libro?

Mi marido se sorprendió de mi proyecto y no se esperaba a que llegara hasta el final. Sin embargo, me apoyó porque conoce mi historia. Obviamente no conoce los detalles y me dijo que haría un esfuerzo y leería mi libro, aunque me dijo que necesariamente le afectaría. Me ama y por eso temía que este libro me desestabilizara más. Mi hermana lo sabe y pensó que era una gran iniciativa. Inmediatamente me animó en esta dirección. Ella comparte la misma historia que yo pero no al mismo tiempo, ya que 9 años nos separan. Así que tiene otra historia. Tuvo la suerte de ir a terapia y de haber sido seguida por un psiquiatra, de lo contrario no lo habría logrado por su cuenta. No me siguieron en ese momento y este libro sacó muchas heridas profundas y enterradas, pero eran útiles y era necesario. Ahora los curo enfrentándome a ellos con dignidad. Como dice a menudo mi hermana, tuve la suerte de encontrar al compañero que me permitió construir una historia sentimental. Mi marido es tierno, romántico y cariñoso.

¿Ha hablado de su vida con sus hijos antes?

Sí. Claro. Mi hijo mayor especialmente porque aunque no tuve contacto con mi padre, nunca prohibí a mis hijos tener un contacto con él.

A menudo tenía que explicar con palabras de niños por qué no quería verlo y por qué me había hecho daño. Mi hijo menor, a los 10 años de edad, tiene muchas más dificultades para entender la vida que he tenido. Entiende la palabra divorcio porque algunos alumnos de su clase son de padres divorciados, pero la pareja de mi madre es su "abuelo" y no siempre entiende que no es mi padre. Obviamente tienen miedo de que sus padres se divorcien, pero como cualquier niño.

Como qué, un divorcio es siempre una lesión de por vida y no creo que haya un divorcio feliz. Mis hijos están orgullosos de tener una mamá escritora.

Ahora tiene una familia, ¿qué valores intenta ¿transmitir?

¿Y qué errores no desea transmitir?

En primer lugar, quiero transmitir valores de respeto mutuo y de no mentir, cuando algo sale mal, lo hablamos en familia y cada uno hace su parte, no hacemos trampas. Incluso con mi marido, no tenemos secretos y cuando tenemos un problema, lo hablamos. Además, no involucramos a nuestros hijos en problemas de adultos. Siempre tratamos de mantenerlos fuera. Incluso cuando perdí mi trabajo en 2009, tratamos de desdramatizar la situación. Tratamos de mantenernos equilibrados y apretados y decimos "Te quiero todos los días", somos muy cariñosos el uno con el otro. Empoderamos a nuestros hijos, pero dejamos que sigan siendo niños y se muevan a su propio ritmo. Sin embargo, haremos todo lo posible para ofrecerles seguridad emocional y financiera. Y ellos saben que ellos pueden contar con nosotros. Nosotros los guiaremos en sus vidas. Básicamente, estoy muy orgullosa de mi familia, de mi marido, de mis hijos y de lo que hemos construido juntos.

Ausente

¿Cómo se ve a sí misma ahora y cómo ve su futuro?

Ahora estoy mucho más serena y sobretodo orgullosa de mí misma. Aprendí mucho, luché mucho, pero tengo ganas para vivir. No he perdido completamente mi confianza, pero estoy trabajando en ello. Cuando veo amigos a mi alrededor, conocidos que nacieron con mucha menos dificultad, todavía siento lástima por ellos porque también viene la otra cara de la moneda y temo por algunos de ellos. Cuando pienso en mi amigo español, vivía en un entorno bastante protegido, pero en los últimos años ha sufrido mucho y probablemente no estaba preparado. Creo que estoy preparado para mucho drama, aunque no puedes prepararte para todo.

Sobretodo, creo que minimizo mucho los problemas de todos. A veces es de doble filo porque problemas que pueden parecer triviales para mí pueden ser devastadores para otros. Veo mi maravilloso futuro tal como es ahora. Por supuesto, espero continuar mi romance con mi marido hasta que la muerte nos separe. También les deseo a mis hijos una vida emocional exitosa, sea lo que sea. Deseo seguir viviendo esta gran aventura sentimental con mis seres queridos el mayor tiempo posible.

Su viaje es muy positivo y le hace entender que nunca debe darse por vencido, ¿qué lecciones positivas saca de su historia?

No hay fatalidad en la vida y no hay que reproducir necesariamente el escenario de los padres. Todos mis profesores habían predicho un futuro manual y bastante oscuro para mí. Casi ninguno de mis profesores creía en mí. Esto es especialmente cierto en el caso del colegio. A menudo he sido humillada y ofendida por los profesores, pero el éxito siempre ha sido mi fuerza motriz. Cuando miro los sitios de búsqueda de antiguos compañeros de clase, y encuentro a compañeros de clase, buena familia en ese momento, y veo en lo que se han convertido (o no), estoy orgullosa de mis camino. En realidad, ese es el mensaje que quiero transmitir. Cuando vienes de una familia unida y acomodada, necesariamente tienes mejores bases para empezar tu vida como adolescente y como adulto, pero no hay garantía de felicidad. La vida que he tenido ha sido muy formativa y si puede ayudar a otras personas a luchar, entonces mucho mejor.

Y lo más importante es que he aprendido a quererme a mí misma y a la niña interior que soy.

Gracias por esta entrevista.

"20 años en búsqueda de una historia paternal"

"20 años en búsqueda de una historia paternal"

ES TAMBIÉN EL AÑO CUANDO ESCUCHO...

1972: Sheila y "Comme les rois mages", cada vez pienso en "Ella" porque "Ella" era fan de Sheila. Mike Brant y Claude François y la música de " Popcorn " y Michel Fugain " Une belle histoire ".

1973: Jean-Michel Caradec "Ma petite fille de rêve", y "La maladie d'amour" de Michel Sardou, tenía su CD, Patrick Green y Olivier Lejeune: "Pot pour rire - y "Avec les oreilles Mr le président", me encantaban las diferentes canciones del disco.

1974: Dave con " Dansez maintenant ", Annie Cordy, Michel Delpech " Le chasseur " que aprendí en clase de música, Claude François y "le télé-phone pleure" porque la chica tenía mi edad.

1975: Dave "Du côté de chez Swann", "Vanina", Joe Dassin y "l'été indien" (en la piscina), Nino Ferrer "Le sud", Jean-Claude Borrely "Dolanes Melodie" que tocaba con la flauta.

1976: Dalida "J'attendrai" que había aprendido con la flauta,Brotherhood of man (que me hizo interesarme por Eurovisión),

Jannette "Porque te vas?" música de la película "Cria cuervos" (que me hizo querer aprender español) y "Allez les verts" para Saint-Etienne que se encontró con Bayern en la final.

1977: Laurent Voulzy, Gérard Lenormand y Marie Myriam que ganó Eurovisión aquel año.

1978: El año de GREASE así como todas las canciones del álbum que compré, Claude François y " Magnolia para siempre ", Michel Sardou " En chant " cada vez recuerdo a mi padre.

1979: Patrick Hernández "Born to be alive" porque los animadores nos despertaban todas las mañanas en el VVF de Colleville sur mer, los BEE GEES "Tragedy and Heavens", y "YMCA" de los Village people, y Billy Joel "Honesty".

1980: Jean Schultheiss "Confidences pour confidences", se parecía físicamente a mi padre, pequeño y barbudo, Bugles y a los pink floys "another brick in the wall" porque fue en Inglaterra donde los oí por primera vez. France Gall y "Il jouait du piano debout" porque "Ella" quería a France Gall.

1981: Herbert Leonard " Pour le plaisir ", Michel Sardou " Etre une femme " porque los escuchaba en la escuela y Kim Carnes con " Bette Davis'eyes " porque mi hermano mayor estaba loco por ella y sin embargo se casó con una morena de ojos negros, así que...

1982: FR David "Words". Un francés que cantaba en inglés y cómo compaba OK Age tendre en ese momento, me sabía el texto de la canción. La banda Imagination, tenía sus canciones en mi walkman. Y trío, el grupo alemán. "Da Da Da" también son canciones españolas como el grupo Mocedades "Amor de hombre" y Ana Belén "Planeta agua" porque Pere me había hecho un cassette entero de canciones españolas.

1983: Es Captain Sensible con "WOT" y Culture Club que había escuchado por primera vez en Discoteca en España, es también la ola de la canción romántica italiana: Richi e poveri, Albano y Romina Power, Toto Cutugno, Eurythmics con "Sweet dreams" que mi hermano menor solía escuchar una y otra vez en el equipo Hi-Fi.

1984: Es Aha "Take on me", y el comienzo de una gran historia de amor con la banda hasta su separación en 2009, es obviamente toa las canciones del álbum Thriller de Michael Jackson y las canciones del TOP 50 creadas y presentadas por Marc Toesca.

1985: Son Balavoine, Etienne Daho, Goldmann, Mylène Farmer, pero también Al Corley "Square rooms" porque fue el actor de la serie Dynastie que seguía, cantantes sin fronteras y EE.UU. para África porque Mikael Jackson aparecía.

1986: La banda Image et " les démons de minuit " y Europa " the final count-down ", pero también Balavoine, Mylene Farmer y por supuesto Aha " Stay on these roads ".

1987: Es Elsa "T'en va-pas! "También es Mecano, una banda española muy famosa por la que fui al concierto dos años más tarde con Toni y Emma.

1988: Estos son una gran parte de los 50 mejores éxitos del Top 50. También son mis mejores años y cansiones desde el 1984.

Y hay Etienne Daho y sus 33 rpm que escucho todos los días, especialmente con la canción "Heures hindoues".

1989: Eros Ramazotti en español " Asi son los amigos "Sinead O' connor "Nothing compares to you"

1990: Este es el CD "Pet shop boys" que escucho una y otra vez

1991: Fue mi primera película alemana "Der mit dem Wolf tanzt" y mi primera canción alemana "Münchner Freiheit - Ohne Dich", Holger me la cantaba y me parecía tan romántico.

TAMBIÉN ES EL AÑO QUE VEÍA...

1972: Son para mí, series como "Colombo", "les gens de Mogador" o "la demoiselle d'Avignon" con una Marthe Keller fantástica a la que quise parecerme más tarde y que se enamora del príncipe. Fue también el año en que descubrí la serie "le sixième sens" con Gary Collins y pasamos las tardes temblando frente al televisor. Este es el año en que veo a "Embrujada" y sueño como todas las niñas de tener una madre maga.

1973: Arsène Lupin, el más grande de los ladrones con los créditos finales interpretados por Jacques Dutronc, "La isla misteriosa", serie basada en la novela de Julio Verne, Anna y el rey con Yul Brunner en el papel de rey duro en el corazón tierno. Soñé delante de los vestidos de aro de Anna. Es también el año de la serie "Champions". Serie que volví a interpretar por la tarde con mis hermanos, en el parque cercano a nuestra casa..

1974: Kung-Fu con el actor David Carradine, quien abogó por una defensa no violenta.

Y descubrí la serie " Les brigades du tigre " y este genérico: M'sieur Clémenceau!

1975: El hombre invisible que se quitó la máscara para hacerse invisible, fue entonces cuando empecé a mirar series policiales como Starsky y Hutch y de rayas rojas y blancas. Y finalmente, este año comienza la serie "Planeta de los Simios" con las primeras máscaras creadas para este fin y muy realista. Recuerdo que este programa me daba miedo, imaginando que podríamos vivir en un mundo así. También fue la serie de Michel Strogoff la que me llamó la atención porque había leído gran parte de las novelas de Julio Verne, incluida ésta.

1976: Este año, vi la serie "Le riche et le pauvre" seguida de la serie "Héritiers", que repasa la historia de Rudy Jordache y de su hermano menor. Recuerdo especialmente al criminal Falconetti que perdió un ojo en una pelea. También estaba viendo a "los ángeles de Charly" y al invisible Charly en el programa. "El prisionero" con Patrick Mc Gohan, prisionero en el "Village". Fui en 1990, durante mi año en Gales, a visitar Portmeirion, lugar de rodaje de la serie. Y ese es el año en que miro al "El hombre de los seis millones de dólares" y "super Jaimie".

Pero fue principalmente en el invierno de 1976, que descubro la serie " La casa de la pradera" que pasa durante las vacaciones de

Ausente

Navidad y me identifica muy rápidamente con Laura Ingalls, niña traviesa y temeraria. También veo "Sandokan".

1977: El lanzamiento del programa "Les Visiteurs du mercredi" y durante el programa, estuvimos en la televisión "Barbapapá" con este padre muy protector con sus hijos y padres amorosos y atento a las necesidades de sus hijos.

1978: Es la serie "Autobus à impérial" que, emitida durante los Visiteurs du mercredi, me gustó mucho, al igual que el dibujo animado "Waldo Kitty" que veía con mi hermano mayor. La serie que más me ha marcado es "Cosmos 1999" con Martin Landau y Barbara Bain. La luna desviada de su órbita había dejado su órbita su trayectoria y el equipo científico fue condenado a vivir en la base lunar Alfa. Mi hermano mayor y yo habíamos fabricados águilas de cartón de la serie. Ese año también veo la serie "Racine" que traza toda la historia de Alex Haley y su primer ascendiente en América, Kunta Kinté. Unos años más tarde, leí su historia en inglés en el instituto.

1979: Veo los primeros dibujos animados de manga como "Goldorak" que aparecen en la televisión. Y una serie francesa de los 400 golpes de Virginia con mi abuela cuando duermo en su casa, algunas noches cuando mamá trabajaba. Y "El hombre de la Atlántida" aparece en TV por primera vez y un Patrick Duffy que se convertirá en famoso por la serie "Dallas"

1980: Fue en casa de mi padre y de "Ella" que descubrí la serie. Mi padre era un gran fan de JR y quería ser como él a toda costa. Parecía la imagen del todopoderoso y adinerado hombre al que mi padre hubiera querido parecer. También estaba viendo la serie HULK, ese mortal común que se convirtió en un monstruo durante sus enfados.

1981: Magnum y Tom Selleck en su famoso Ferrari ocuparon parte de mis noches. Mi hermano mayor y yo veíamos la serie porque era un fan de los Estados Unidos, un país que le hubiera gustado visitar. Veo la serie francesa "Pause-Café" porque Véronique Jeannot es la trabajadora social que me hubiera gustado conocer en el instituto.

1982: Vi con mucha atención esta serie, la historia de un padre que había adoptado dos encantadores niños negros americanos. Arnold era muy mono en su papel.

Ausente

1983: Miro a ChiPS, los dos motoristas americanos y Erik Estrada que me parecía muy guapo en ese momento.

1984: "Vacaciones en el mar" que veía de nuevo el miércoles por la tarde después de la universidad. Y sobretodo, empecé a ver esta nueva serie: Dynasty, que estaba de moda en Estados Unidos. Me gustó sobre todo el personaje de Al Corley que muy rápidamente dejó el show para dedicarse a la canción.

1985 : Una serie de Telenovela brasileña llega a Francia. Durante varias semanas, seguí la epopeya de dos hermanos gemelos que no se conocían. La serie "Baila conmigo" me hizo llorar, reír y encontrarme de nuevo en mi historia porque los gemelos estaban en busca de una identidad, de su identidad.

1986: Empecé a seguir la novela "Miami Vice" especialmente para los hermosos ojos azules/verdes del actor Philip Michael Thomas. Es el momento del lanzamiento de los televisores gratuitos, y es en este momento que descubro la serie "K-2000" y especialmente Star Trek que continuo a ver de vez en cuando con Nostalgie.

Es esta pasión por Star Trek que les pasé a

mis dos hijos y también es por casualidad que mi esposo es adicto al show.

1987: MacGyver es probablemente una de las series que más me gustó porque Richard Dean Anderson siempre tenía un gran truco que aprender y recuerdo cuando mi moto se averió y que gracias a uno de sus trucos, pude arreglar mi motocicleta y arrancarla de nuevo. A partir de ese momento, empecé a saber cómo hacer de manitas. Y, sobre todo, la serie de culto "¿Quién manda a quién? o ¿Quién es el Jefe? que todos veíamos como una familia, mi hermano mayor, mi hermano menor y mi hermana. Mi hermana y yo estábamos enamoradas del actor Tony Danza que interpretó el papel del superpapá, bueno en todo "Tony Micelli".

1988: Me levanto el domingo por la mañana para ver "Candy". Sé que no es mi edad, pero es muy romántico.

1989: Veo la serie de Santa-Barbara en mi habitación de Lille. Comparto un piso con

Catherine y ella en la tele de su habitación. A cambio de cocinar para ella, puedo ver la tele con ella y así no estar sola.

1990: Veo en Inglaterra "Neighbours",

Ausente

"Home and Away" y la famosa serie
"Coronation's street" con Frank Dubosc
que hace allí incluso sus comienzos. Y
empecé a buscar en la clínica de la Selva
Negra

1991: En Alemania, desde el momento en
que pude entender alemán, empecé a ver
"Stark Trek - the next generation".

"20 años en búsqueda de una historia paternal"

Ausente

REFERENCIA

Referencias musicales y cinematográficas

http://www.archives80.com/

http://fr.wikipedia.org/wiki/1980_en_mus
ique

Cosulta de Daniela Schröder, naturópata.

http://www.praxis-larimar.com

BSFF

Be Set Free Fast (BSFF) nach Larry Nims

http://www.bsff.de/.com (an alemán)

"20 años en búsqueda de una historia paternal"

Ausente

Ausente

"20 años en búsqueda de una historia paternal"

Lightning Source UK Ltd.
Milton Keynes UK
UKHW020638170122
397276UK00008B/549